零壹智库出品

01CAIJING.COM

零壹财经书系

主编：柏亮

主笔：王晶

# 消费金融年度发展报告 2018

零壹财经 · 零壹智库 著

中国经济出版社
CHINA ECONOMIC PUBLISHING HOUSE
· 北 京 ·

**图书在版编目（CIP）数据**

消费金融年度发展报告（2018）/ 零壹财经著.
北京：中国经济出版社，2018. 5
ISBN 978-7-5136-5208-7

Ⅰ. ①消… Ⅱ. ①零… Ⅲ. ①互联网络—应用—金融—研究报告—中国—2018 Ⅳ. ①F832. 2

**中国版本图书馆 CIP 数据核字（2018）第 103063 号**

责任编辑　张梦初　杨元丽
责任印制　马小宾
封面设计　任燕飞

**出版发行**　中国经济出版社
**印 刷 者**　北京科信印刷有限公司
**经 销 者**　各地新华书店
**开　　本**　710mm×1000mm　1/16
**印　　张**　14. 25
**字　　数**　210 千字
**版　　次**　2018 年 5 月第 1 版
**印　　次**　2018 年 5 月第 1 次
**定　　价**　65. 00 元
**广告经营许可证**　京西工商广字第 8179 号

**中国经济出版社** **网址** www. economyph. com **社址** 北京市西城区百万庄北街 3 号 **邮编** 100037

# PREFACE 序 言

## 消费金融的历史现场和未来之光

前几天和几个朋友在境外打车，一会儿路过步行街，一会儿路过4S店一条街，司机热情地给我们介绍这些本地繁华路段和特色。一个朋友突然问，他们做消费贷款吗？司机说，不知道。然而我们几个同行者相视而笑。

有消费场景的地方，我们就想做消费金融，甚至是有场景要贷，没有场景创造场景也要贷，更有甚者，有借款人要贷，没有借款人“创造借款人”也要贷。

这是中国消费金融突然繁荣的景象，短暂，兴奋而又焦虑。两三年前，监管部门和主管部门出台了一系列鼓励发展消费金融的政策，以策应消费驱动实体经济增长。但是，在“鼓励”和“发展消费金融”之间的“角色”有谁，理解各不一样。持牌的消费金融公司、银行零售金融增长不俗，但反应最快的，是“现金贷”。到2017年下半年，“现金贷”被监管急刹车，市场终于明白了“鼓励”和“发展消费金融”之间的行为边界。

2017年中国消费金融的发展历程，很特殊。它是引人瞩目的现象，也是令人深思的问题：

它彰显了中国消费金融巨大的市场空间，即未被满足的市场需求和成长前景；

它展现了中国金融市场主体的“主次之别”；

它促进了中国消费金融发展的技术革命，“装备”竞赛；

它“诱惑”并“教育”了广大的金融消费者，他们中的大部分曾经毫无机会成为“金融消费者”；

它说明中国消费金融市场还需要补课：借钱的课（无论是出借人还是借款人）、还钱的课（无论是催款的还是还款的），当然最重要的是技术设施的课，尤其是征信体系的建设；

说到征信，它在很大程度上改变了中国个人征信牌照的“收”和“放”；

它让市场和监管重新审视居民杠杆、金融杠杆及其传导机制；

它让人深思，用互联网商城的思维做互联网消费金融，是多么昂贵的“消费”；

……

它让2018年成为中国消费金融发展史上的一个新起点。

这部《消费金融年度发展报告2018》，以2017年中国消费金融的发展为重要时间节点，立足现场，总结过去，探索未来。

零壹财经是独立的新金融知识服务机构，我们用数据、案例呈现这波澜壮阔的历史，以独立思考的态度探索其中脉络。消费金融服务我们的生活，它理应让生活更美好，经济更健康。零壹财经已经发布过数十份消费金融专题研究和数据分析报告，从今年起，我们将每年发布一部年度报告。这里不仅记录了历史，重要的是，以怎样的方式对待过去，决定了你有怎样的未来。

以前瞻的眼光看，未来决定现在，而从发展的历程来看，过去决定未来。2017并未远去，2018正在发生，未来每一刻都在变成现实。零壹财经，与你同行！

柏　亮

# CONTENTS 目　录

# 第 1 章

# 导　论

## 1.1 我国消费金融市场发展的经济基础

长期以来，无论是西方国家还是我国，主流的消费观念都是倡导节俭主义和理性消费主义，这种观念是社会长期处于短缺经济形势下的产物。在物资匮乏的年代，生产力水平低下，剩余消费品缺乏，所以往往会过分强调生产，从而漠视人作为消费者的角色。

在我们的话语体系中，消费主义似乎多带贬义，暗示着的是一种过度的消费文化，含有无所顾忌、没有节制地消耗物质财富及自然资源的意思。但这种认知及观念正在改变。改革开放前，我国采取高积累、低消费的政策，人们的消费取决于国家制度安排，而节俭消费的观念深入人心。实践证明，长时期地压抑消费并没有使得社会进步、经济增长，反而当消费自主权逐渐回到个人手中、消费成为人们生活不可或缺的部分时，我国的社会经济爆发了惊人的活力，并获得了快速发展。克制消费、压抑消费的观念正在悄然离场。

我们看到，人们衡量幸福生活标准的三大件已经从手表、自行车、缝纫机演变到现在的房屋、汽车、存款，这反映了人们消费需求的不断释放以及对生活的向往，而背后的原因是国民经济的繁荣发展、人们收入水平的提高及人口代际变化等带来的社会消费价值观的突破。

人均 GDP 可以衡量经济发展的状况，2008 年，我国人均 GDP 首次突破 3000 美元，这被认为是一个重要的转折点，发展经济学观点认为，3000 美元前后的发展阶段是经济现代化发展的一个分水岭。

国家统计局数据显示，2015 年，我国人均 GDP 已达到 8016 美元。人均 GDP 的提高意味着居民的消费水平将显著提升，消费行为则将由原本的温饱型、小康型的消费转向享受型、发展型消费。

消费金融的产生是社会经济发展到一定阶段的产物，它的发展受到经济发展水平、市场条件、居民消费意愿等实体经济因素的影响和制约。我国消费金融的发展也离不开实体经济的支撑。

### 1.1.1 国民经济迅速发展，居民收入增加

消费金融的需求取决于居民的现期收入、资产存量和预期收入水平情况，由于现期收入和资产存量是形成预期收入的重要参考，因此，居民的个人消费金融承贷能力很大程度上取决于个人的收入水平和资产存量。

改革开放以来，我国 GDP 和人均 GDP 持续快速增长。经济总量的增长为消费金融发展提供了经济基础。与国民经济高速增长相伴的是居民人均总收入的提高和人均消费性支出的增加，居民收入水平提高是促进消费金融发展最根本、最持久的动力。居民收入的增加既可以提高当期的消费水平，也可提高对未来收入的预期，并增加当期和未来的消费金融需求。

### 1.1.2 消费品供给增加

从需求角度看，消费金融有效需求的形成取决于用户是否能够利用资金购买到合意的商品，商品的极大丰富是消费金融存在和发展的物质基础。从供给角度看，金融机构发展消费金融依赖于宏观经济形势的稳定和个人收入增长的预期，因为这些因素能从宏观上降低商业银行的风险。

在新中国成立后相当长的一段时间内，我国商品极度匮乏。20 世纪 90 年代以来，随着市场经济的进一步发展，我国国民经济开始快速增长，有效供给能力也得以显著增强，社会商品极大丰富，与人民生活密切相关的轻工业生产得到稳步增长，工业消费品产量增加，且质量提高。这为城乡居民的生活消费提供了丰富的货源，也成为消费金融发展的一个基础。

### 1.1.3 居民消费结构不断升级

随着我国居民收入的增加，居民的消费结构也开始不断升级，其中，恩

格尔系数在逐渐下降。恩格尔系数的下降意味着居民家庭消费中食品支出的占比在不断下降，这一定程度表明人们除了对日常消费品的需求以外，还有对其他消费品的需求，如耐用消费品，如汽车、住房、教育、旅游等，居民消费需求结构的升级对消费金融的发展也起到了推动作用。

### 1.1.4 城镇化进程加速

城镇化将提供更多的就业机会和更高的个人收入，并增加个人对耐用消费品，包括住房、汽车等各类消费品的需求。

我国正处于城镇化的加速期。新兴的城镇将成为支撑消费金融发展的生力军，消费金融目前还较为集中在沿海及少数经济发达的省市地区，但这种格局正在发生变化，消费金融发展的地区差异逐渐缩小是必然的趋势。目前，互联网技术的发展已经相当程度地渗透到消费金融领域，它带来了显著的长尾效应，长尾用户人群正在越发享受到更好的消费金融服务。

### 1.1.5 新一代消费观念的改变

人口的代际变化使得我国社会的整体消费意愿增强，我们可以看到，在改革开放环境中成长起来的“80 后”一代，他们的消费观念已经完全不同于祖辈父辈，他们更加张扬个性、注重品质、享受生活并进行超前消费。而在网络环境中成长起来的“90 后”“00 后”也更加追求自我满足，他们追求的是主动型消费、随性消费、享乐消费、冲动消费等。

在多重因素影响下，我国传统所倡导的节俭、抑制消费的观念正在向轻奢、适度透支的观念转变，我国的消费文化正在快速发展。

不过结合我国的实际情况，在未来相当长的一段时间内，我国的消费文化将是节俭与轻奢并存、现实消费与超前消费并存的情况，不太可能在短期内出现西方社会那种过度消费的情况。但也需要关注，我国的居民杠杆主要集中在房屋购置方面，伴随房地产政策的调控、基于金融风险的防范和化解，居民部门正在增长的杠杆率可能会得到一定程度的遏制。

表 1-1　人类历史上的消费转型升级

| | 消费极度匮乏期 | 农业革命 | 工业革命 | 信息革命 |
|---|---|---|---|---|
| 生产水平 | 听天由命采集渔猎 | 种植畜牧为主 | 工业化大生产 | 智慧与个性化 |
| 消费水平由生存到生活 | 很难满足基本生存需求 | 大众生存消费在灾荒战乱时期之外可以满足，富裕阶层有多样的生活消费 | 大众生存消费不再是问题，追求更高质量的生活消费 | 生存消费占比很小，生活消费提升潜能无限 |
| 消费构成由物质到精神 | 衣食住等较原始的物质消费 | 以衣食住行等物质消费为主，教育、娱乐、艺术等精神消费有专职供给 | 消费已经从满足生理需求向满足时尚、炫耀等心理需求转变，精神消费更多元化 | 精神消费引领消费增长，精神契合决定消费选择 |
| 消费主力由顶层到大众 | 剩余产品极少，没有消费主力 | 以贵族、宗教领导者和地主等统治阶级为主 | 各阶层消费能力普遍提升，中产阶层和平民开始成为消费新主力 | 一般大众的个性化消费成为消费主引擎 |
| 消费哲学由拘束到自我、从占有到享用 | 消费必须平均共享 | 消费限于社会等级（固化） | 消费成为圈层符号（流动） | 消费追求自我满足，但求所用，不求所有 |

资料来源：林左鸣．新消费升级［M］．北京：中信出版社，2016，3.

## 1.1.6　小结

我国消费金融发展的经济基础已经初步形成，我们可以预测，在较长的时间周期内，消费金融将持续处于上升阶段，新的主体会陆续涌入、新的产品与新的服务会层出不穷，消费金融的覆盖范围将不断扩大、不断下沉，县域及农村地区将逐渐被开发。不过，这种发展很大程度取决于金融市场化、监管及政策的态度，期间可能会出现一些问题，甚至引起监管层注意，但这种不确定性恰恰也是市场创新的暖房和造就市场上升的独特力量。

## 1.2 我国消费金融市场发展概况短评

我国的消费金融发端于 20 世纪 80 年代，从国际上看，起步发展较晚，从国内看，也是近两年才得以迅速发展。2015 年，随着互联网金融的浪潮，消费金融成为市场热点，这一年也被称为消费金融元年，热点的表现之一是各类市场主体纷纷加入。如果沿着我国消费金融兴起发展的路线看，它的演进有着不一样的特征。

消费金融本质上属于金融业务，发展依托于居民消费，从国际已经成熟的演进路线上看，行业的特征之一是发端于流通企业，也即非金融机构在消费金融业务的开展中扮演了重要的角色。反观我国，我国的消费金融行业起步于金融机构相关业务的开展，主要是商业银行，而商业流通企业等介入相对较少，即使是在刚刚过去的几年，在各类市场主体入场的环境下，我国的商业银行仍然主导着消费金融行业。

复盘这几年，我国的消费金融行业发展具有以下几个方面的特征。

### 1.2.1 特许商业银行开展业务并主导

我国的金融监管制度一定程度上限制了消费金融的发展，1996 年中国人民银行颁布了《贷款通则》，其中对贷款人进行了规定，相应地条款表示，贷款人必须经中国人民银行批准经营贷款业务，持有中国人民银行颁发的《金融机构法人许可证》或《金融机构营业许可证》，并经工商行政管理部门核准登记。这意味着将贷款提供者限定为经监管机构核准的金融机构。

在此后的发展过程中，由于商业银行在消费金融业务发展方面动力不足，为推动此业务发展，监管层推动设立了消费金融公司、汽车金融公司等机构。

同时，一些民间借贷活动也有一定程度的发展，但整体来看，金融许可的监管框架没有发生变化，而零售业企业则由于监管原因无法直接介入消费金融业务核心领域，发展的则是支付、预付卡等相关业务。

当然，零售企业介入较少的另一个原因是它们本身的发展较为滞后。在改革开放后相当长的一段时期内，我国仍以计划经济为主导体制，零售业并不发达。发展之初，模式以单一店铺为主，并没有形成连锁经营模式，这决定了零售企业本身的规模相对较小，资本实力有限，难以开展消费金融业务。

上述背景导致我国的消费金融业务从一开始就由金融机构主要是商业银行所垄断和主导。

### 1.2.2 消费金融供给结构失效

我国的消费金融业务在发展过程中与处在消费关键环节的商业流通企业联系松散，从而使得金融业务促进消费的作用没有得到充分的发挥。

由于消费金融业务被商业银行垄断，而银行开展业务会根据自身战略发展需要及金融业监管要求来进行产品及服务的开发、设计或营销，因此，这种供给结构存在一些问题。

一方面，银行的收入主要来自于企业用户；个人用户的业务因为复杂多样，且分期或贷款服务小额分散，因此对于银行来说，基本未将消费金融业务置于重要地位，也未能足够重视对消费金融的投入和开发。不过，目前的情况已经有所改变，随着消费金融市场的扩大和企业用户市场的激烈竞争，加之结构调整的需要，消费金融业务已经成为银行业竞相开发的一个领域，而且这种改变正在持续。

另一方面，金融业是受到严格监管的行业，银行要开展业务就要符合监管的要求、遵循监管的管理规范，所以，银行首先考虑的因素是风险控制及自身利益的要求，而不是开展消费金融业务促进商品的销售，增加商户的利益。在这种情况下，银行开展业务必然会牺牲用户体验。

正是因为这种情况，才使得所谓的互联网消费金融得以迅速发展。互联网消费金融的发展需要一分为二地看待，既需要肯定正面积极的意义，也需要及时纠偏发展中带来的问题，这是一个重要的课题，有待进一步讨论。

### 1.2.3 信用卡是消费金融最重要的产品及服务形式

从消费金融的产品及服务来看，信用卡仍然是我国消费金融市场最重要的形式。信用卡透支金额较高，可以使用的范围较广，支付也较便捷，在发展过程中，信用卡也在不断覆盖各类消费场景。事实上，信用卡几乎实现了人们衣食住行领域的全覆盖，在一定程度上与其他各类市场主体形成了较强的竞争。

例如，过去的两年，我国申请设立的消费金融公司越来越多，但除去早先成立的几家公司，大部分公司的市场竞争力尚未充分体现。所以尽管市场主体在增加，如消费金融公司，已经成为市场追逐的热点，且一些股份制银行及新兴的城商行成为重要的参与者，但更现实的情况是业绩尚未充分体现。

接下来，这些主体的要义是考虑如何发挥优势，做好服务；如何让金融与消费的关系更紧密，让银行与流通企业的关系更紧密。从监管层的角度分析，则需要考虑形成较为完备的监管体系，适度放宽流通行业企业等的准入门槛，包括参股已设立公司、发起设立新公司等，鼓励他们发挥正面积极的作用，同时强化对发展中存在的问题的识别与监管。

### 1.2.4 技术升级、商业模式创新加速了消费金融的发展周期

尽管由于多种原因，我国的消费金融市场供需存在诸多问题，但在过去的几年时间中，行业获得了巨大的发展。从零售业来看，电子商务快速发展，网络购物呈现出巨大的活力；同时，随着互联网金融的发展，支付、信贷等发生了巨大的变化，多重因素催生了新兴消费金融业务的创新与发展，技术及数据的应用提升了交易效率、降低了成本，在服务水平得到提高的同时，服务的覆盖范围也得以不断扩大。

例如，互联网电商企业凭借已有的商业平台和数据平台，通过小额贷款公司，尤其是突破地域限制的网络小额贷款公司，进行消费金融业务的创新与发展。这种业务模式在短期之内被迅速模仿，尽管暴露了一些问题，但创

新与成绩值得认可。

2017年可以看作消费金融的一个转折年，行业在互联网金融的加持下迅速经历了一个小周期。不过，可以预见的是，技术升级、商业模式的创新等还将继续变革消费金融行业，行业并非从此“一蹶不振”，在经历过阶段性阵痛后，将会以不一样的面貌再次出现。

### 1.2.5 小结

从理论和实践的经验来看，消费金融有着重要作用，对于消费用户来讲，可以打破他们原有的信贷约束，满足正常的消费需求，促进消费升级，并且改善日常生活，同时，增强个人的信用意识。对于金融机构来讲，可以优化资产结构，增加新的盈利增长点，完善金融的服务体系。当然，从宏观层面来讲，消费金融对于经济转型也有一定的作用，可以扩大内需，拉动消费，转变经济的发展方式，调整和优化产业结构，而且对于社会的整体信用环境建设也大有裨益。

不过也要提早防范消费金融过度发展存在的问题，尤其是在已经经历过一个震荡的“小周期”后。实际上，行业将不可避免会暴露一些问题，包括在快速发展过程中，金融机构会无法有效评估潜在风险，用户则可能因为营销诱导，使整体负债水平达到难以为继的程度。因此，这更加考验监管层的智慧，他们在制定政策引导消费金融发展的同时，也需关注相关风险，合适地调整政策的力度和方向，并对过度竞争行为进行适度地限制，跟踪和监测居民的家庭负债率等，以防出现信用消费过度膨胀的情况。

以上是我们对这几年我国消费金融市场发展的一个简要分析。后文将主要围绕现阶段消费金融市场的发展情况，包括市场演变、创新模式、成熟市场经验、监管动态等方面进行分析，以期能够描述与解释最新的行业状态，并对未来的发展趋势做出研判。

# 第 2 章

# 复盘我国消费金融各细分市场

# 2.1 各类市场主体并存，规模增长迅猛

## 2.1.1 禀赋不一的各类市场主体

2015 年上半年开始，互联网消费金融热潮涌起，这一年且被称为消费金融元年，这是供给与需求共同推动的结果。从我国消费金融的发展情况来看，商业银行是消费金融发展的先导，并在发展中为了促进个人零售业务发展再行推出消费金融公司。同时，汽车金融公司在汽车的消费金融方面也占据了重要地位。

随着互联网金融的兴起，除了这些金融机构，占据线上优势的互联网巨头，以及数量庞大的互联网金融平台也纷纷参与到互联网消费金融的热潮中。从市场参与主体看消费金融市场，大致可以分为商业银行、消费金融公司、汽车金融公司、互联网消费金融服务商等各个类型。

这种多类市场主体并存的情况恰恰显示出行业处于高速发展阶段，这种情况需要一分为二地看待。多类市场主体并存丰富了消费信贷市场的层次，一定程度上可以满足不同客户群体的消费信贷需求，将扩大消费信贷的服务覆盖范围；但同时，参与市场的诸多主体不具备金融业务从业资质，一些业务行为也突破了监管边界，从而带来了一些金融风险和社会风险，并招致监管整治。这是一种正常的市场发展和演变形态。

在这个行业强监管的节点，我们复盘各类市场主体的特征仍然是有意义的，行业将更加需要吸取教训、积累经验。

目前来看，银行仍然是消费金融领域的主导者，拥有专业的风控手段、成熟的征信和审批模式、庞大的客户基础及雄厚的资金等；加之近年来银行积极搭建网上商城，与其他商户合作，推出各种消费信贷产品，弥补自身消

费场景和用户体验方面的短板，银行在消费金融领域的竞争力较强。

消费金融公司起初作为商业银行消费金融业务的补充展业，主要经营领域是除房贷和车贷以外的个人耐用消费品信贷领域。经过几年发展之后，消费金融公司的经营业绩成果开始显现。诸多消费金融公司实现盈利，且梯队渐显，早期成立的招联消费金融公司、捷信消费金融公司等依托股东资源等进入第一梯队，在用户规模、业务体量、资产规模、业绩盈利情况等方面位居行业前列。

汽车金融公司专注于汽车消费信贷业务，最大的竞争对手是银行，但专业化和资源化非银行可比拟，现阶段已经自成体系。汽车消费信贷是这两年崛起的一大消费信贷场景，新兴消费金融服务商正在进入，包括汽车电商平台、P2P 网络借贷平台、金融科技公司等纷纷布局。

互联网消费金融服务商在网络购物和互联网经济的发展下，有着传统金融机构所缺乏的消费场景和大数据积累的独特优势，对用户需求的审批速度快，但由于风控体系尚不够成熟，风险难以把控，资产质量相对较差。这类服务商的主要问题是多存在业务合规性问题，是当下强监管主要打击的对象。

**表 2-1　24 家已获得批复（开业）的持牌消费金融公司（截至 2017 年 12 月 31 日）**

| 序号 | 公司名称 | 获批（开业）时间 | 注册资金/元 | 地区 | 股东背景 |
|---|---|---|---|---|---|
| 1 | 北银消费金融有限公司 | 2010 年 1 月 6 日 | 8.5 亿 | 北京 | 北京银行（35.29%）、桑坦德消费金融公司（20%）、利时集团（15%）、联想控股（5%）、大连万达（5%）等 |
| 2 | 中银消费金融有限公司 | 2010 年 1 月 6 日 | 8.89 亿 | 上海自贸区 | 中国银行（40.02%）、百联集团（20.84%）、陆家嘴金融发展有限公司（12.56%）、中银信用卡（国际）有限公司（12.37%）、深圳市博德创新投资有限公司（9.9%）、北京红杉盛远管理咨询有限公司（4.5%） |

续表

| 序号 | 公司名称 | 获批（开业）时间 | 注册资金/元 | 地区 | 股东背景 |
|---|---|---|---|---|---|
| 3 | 四川锦程消费金融有限责任公司 | 2010 年 1 月 6 日 | 3.2 亿 | 成都 | 成都银行（51%）、马来西亚丰隆银行（49%） |
| 4 | 捷信消费金融有限公司 | 2010 年 2 月 12 日 | 70 亿 | 天津 | PPF 集团 100%持股 |
| 5 | 招联消费金融有限公司 | 2014 年 8 月 28 日 | 20 亿 | 深圳 | 香港永隆银行（50%）、中国联合网络通信有限公司（50%） |
| 6 | 兴业消费金融股份公司 | 2014 年 10 月 14 日 | 5 亿 | 泉州 | 兴业银行、福建泉州市商业总公司、特步（中国）、福诚（中国） |
| 7 | 海尔消费金融有限公司 | 2014 年 12 月 3 日 | 5 亿 | 青岛 | 海尔集团（30%）、海尔集团财务有限责任公司（19%）、红星美凯龙国际家具建材广场有限公司（25%）、浙江逸荣投资有限公司（16%）、北京天同赛伯信息科技有限公司（10%） |
| 8 | 苏宁消费金融有限公司 | 2014 年 12 月 11 日 | 6 亿 | 南京 | 苏宁云商集团、南京银行、法国巴黎银行个人金融集团、先声再康江苏药业有限公司、江苏洋河酒厂股份有限公司 |
| 9 | 湖北消费金融股份有限公司 | 2014 年 12 月 16 日 | 5 亿 | 武汉 | 湖北银行、TCL 集团、武汉商联（集团）股份有限公司、武汉武商集团股份有限公司 |
| 10 | 马上消费金融股份有限公司 | 2014 年 12 月 30 日 | 22.1 亿 | 重庆 | 重庆百货大楼股份有限公司、阳光财产保险股份有限公司、物美控股集团有限公司、浙江中国小商品城集团股份有限公司、重庆银行股份有限公司、北京中关村科金技术有限公司 |

续表

| 序号 | 公司名称 | 获批（开业）时间 | 注册资金/元 | 地区 | 股东背景 |
|---|---|---|---|---|---|
| 11 | 中邮消费金融有限公司 | 2015年1月6日 | 10亿 | 广州 | 中国邮政储蓄银行股份有限公司（61.5%）、DBS BANK LTD.（12%）、渤海国际信托股份有限公司（11%）、广东三正集团有限公司（3.5%）、拉卡拉网络技术有限公司（5%）、广东海印集团股份有限公司（3.5%）、广州市广百股份有限公司（3.5） |
| 12 | 杭银消费金融股份有限公司 | 2015年7月7日 | 5亿 | 杭州 | 杭州银行（41%）、西班牙对外银行（30%）、浙江网盛生意宝股份有限公司（10%）、海亮集团（10%）、中辉人造丝有限公司（4.5%）、浙江和盟投资集团有限公司（4.5%） |
| 13 | 华融消费金融股份有限公司 | 2015年10月23日 | 16亿 | 合肥 | 中国华融资产管理股份有限公司（55%）、合肥百货大楼集团股份有限公司（23%）、深圳华强资产管理集团有限责任公司（12%）、安徽新安资产管理有限公司（10%） |
| 14 | 盛银消费金融有限公司 | 2015年11月3日<br>2016年3月1日批复开业 | 3亿 | 沈阳 | 盛京银行股份有限公司（60%）、顺峰投资实业有限公司（20%）、大连德旭经贸有限公司（20%） |
| 15 | 富滇消费金融公司 | 2015年12月21日<br>未开业 | 3亿 | 云南 | 富滇银行（39%）、视觉中国（27%）、广东网金控股股份有限公司（22%）、昆明顺城若普商贸有限公司（12%） |
| 16 | 晋商消费金融股份有限公司 | 2016年1月14日<br>2016年2月24日开业 | 5亿 | 太原 | 晋商银行股份有限公司（40%）、奇飞翔艺软件有限公司（25%）、天津宇信易诚科技有限公司（20%）、山西华宇商业发展股份有限公司（8%）、山西美特好连锁超市股份有限公司（7%） |

续表

| 序号 | 公司名称 | 获批（开业）时间 | 注册资金/元 | 地区 | 股东背景 |
|---|---|---|---|---|---|
| 17 | 陕西长银消费金融有限公司 | 2016 年 6 月 16 日<br>2016 年 11 月 23 日开业 | 3.6 亿 | 西安 | 长安银行股份有限公司（51%）、汇通信诚租赁有限公司（25%）、北京意德辰翔投资有限公司（24%） |
| 18 | 哈尔滨哈银消费金融有限责任公司 | 2016 年 9 月 13 日批复筹建<br>2017 年 2 月 6 日开业 | 5 亿 | 哈尔滨 | 哈尔滨银行股份有限公司（59%）、苏州同程软件有限公司（15%）、上海斯特福德置业有限公司（9%）、北京博升优势科技发展有限公司（10%）、黑龙江赛格国际贸易有限公司（5%）、黑龙江信达拍卖有限责任公司（2%） |
| 19 | 上海尚诚消费金融股份有限公司 | 2016 年 11 月 25 日批复筹建<br>2017 年 8 月 28 日正式开业 | 10 亿 | 上海 | 上海银行（38%）、携程旅游网络技术（上海）有限公司（37.5%）、深圳市德远益信投资有限公司（12.5%）、无锡长盈科技有限公司（12%） |
| 20 | 河南中原消费金融股份有限公司 | 2016 年 12 月 20 日批复筹建<br>2016 年 12 月 30 日开业 | 5 亿 | 郑州 | 中原银行（65%）、上海伊千网络信息技术有限公司（35%） |
| 21 | 长银五八消费金融股份有限公司 | 2016 年 12 月 29 日批复筹建<br>2017 年 1 月 24 日开业 | 3 亿 | 长沙 | 长沙银行（51%）、城市网邻（33%）、通程控股（16%） |
| 22 | 包银消费金融股份有限公司 | 2016 年 12 月 29 日开业 | 3 亿 | 包头 | 包商银行股份有限公司（73.6%）、深圳萨摩耶互联网科技有限公司（26%）、百中恒投资发展（北京）有限公司（0.4%） |
| 23 | 珠海易生华通消费金融有限公司 | 2017 年 1 月 12 日批复筹建<br>未开业 | 10 亿 | 珠海横琴 | 吴江银行（15%）、海航旅游（30%）、珠海铧创（20%）、明珠深投（15%）、亨通集团（20%） |

续表

| 序号 | 公司名称 | 获批（开业）时间 | 注册资金/元 | 地区 | 股东背景 |
| --- | --- | --- | --- | --- | --- |
| 24 | 河北幸福消费金融股份有限公司 | 2016年11月10日批复<br>2017年6月已开业 | 3亿 | 张家口 | 神州优车股份有限公司（33%）、张家口银行股份有限公司（38%）、蓝鲸控股集团有限公司（29%） |

注：除上述已经开业的消费金融公司外，2017年，还有几家拟发起设立的消费金融公司，包括二三四五、江苏银行与凯基银行及海澜之家拟发起设立的江苏苏银凯基消费金融有限公司；中金珠宝、广州银行和东方国信拟发起设立的中金广银消费金融有限公司；光大银行与中青旅拟发起设立的光大消费金融股份有限公司；甘肃银行与奥马电器等拟发起设立的陇银消费金融股份有限公司等。

资料来源：零壹财经·零壹智库。

### 2.1.2 金融机构消费信贷规模快速增长

截至2017年底，我国的居民消费贷款余额达到31.53万亿元，其中，中长期消费贷款余额24.72万亿元，短期消费贷款余额6.81万亿元，分别占居民消费贷款余额的78.39%和21.61%。从结构上看，居民中长期消费贷款余额在居民消费贷款余额中的占比从2004年的93.69%下降至2017年的78.39%，居民短期消费贷款余额在居民消费贷款余额中的占比从2004年的6.31%上升至2017年的21.61%。由于中长期消费贷款主要是居民住房按揭贷款，因此，可以看出，近年居民其他消费类贷款开始逐渐增长。

2004—2008年，我国的居民消费贷款增长主要取决于居民中长期消费贷款的增长；2008年后，居民中长期消费贷款开始快速增长，短期消费贷款也同期呈现增长态势。与之可能相关的宏观背景是，2008年国家投入4万亿元救市；2009年，银监会宣布消费金融公司试点，下发首批四块消费金融牌照，以作为银行信用卡的补充满足居民购买耐用消费品的融资需求。

居民新增消费贷款呈现波动上升趋势，其中2015—2016年新增5.26万亿元，创新增贷款高点，这主要是房地产市场较为宽松的政策所致；2017年居民中长期消费贷款新增4.6万亿元，同比下降，主要也是受到房地产市场调控所致，2017年银监会等出台系列政策防止个人贷款违规流入房地产市场。

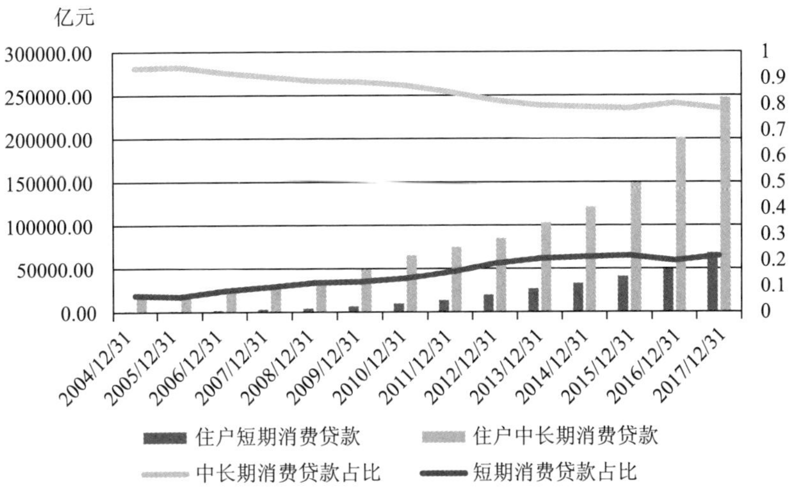


**图 2-1　近年金融机构消费贷款规模变动情况**

资料来源：wind 数据，零壹财经·零壹智库。

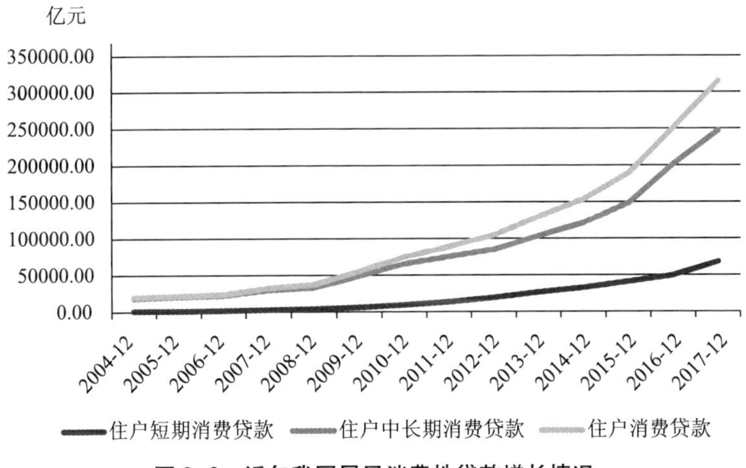


**图 2-2　近年我国居民消费性贷款增长情况**

资料来源：wind 数据，零壹财经·零壹智库。

从居民新增短期消费贷款的情况来看，呈现平稳增长态势，其中 2016—2017 年新增 1.87 万亿元，这主要是受到银行零售转型的影响。这一年银行的个人消费贷款，尤其是借助互联网手段开展的个人贷款业务业绩突出，2018 年初各银行披露的年报也应证了这一原因。

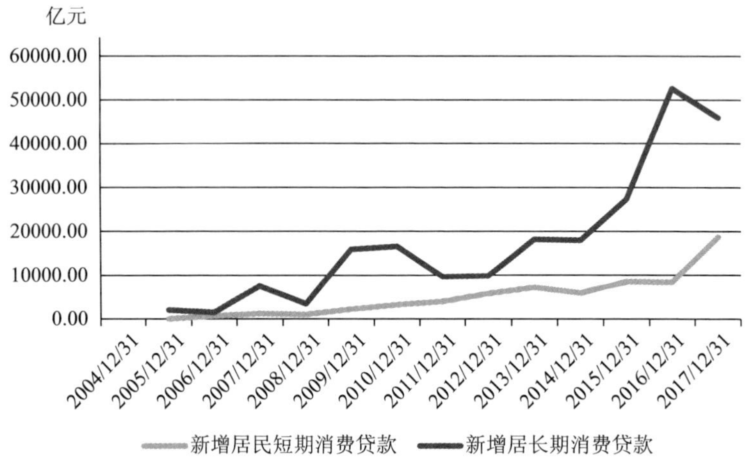


**图 2-3 近年居民新增消费贷款情况**

资料来源：wind 数据，零壹财经 · 零壹智库。

总体来看，我国居民消费贷款的增长主要是个人住房贷款的增长。结合近几年的宏观经济背景，我们分析，居民加杠杆带动了 2015 年以来的地产繁荣，推升了地产相关投资，同时，房价上涨带来的财富效应又推升了居民的消费。

以上数据只包含金融机构的消费信贷数据，发展迅猛的互联网消费金融则大多未能包含。

由于大部分互联网消费金融机构的数据尚未披露，我们暂且无法精确描述市场规模，但有一点可以确定，居民消费贷款规模在迅速增长。

### 2.1.3 互联网消费金融规模爆发

P2P 网络借贷平台（以下简称 P2P 网贷）是互联网消费金融行业的重要参与者之一，我们可以通过网贷平台消费金融资产交易的规模来观察行业的规模趋势。

2015 年以前，P2P 网贷和互联网消费金融均处于发展早期，一方面，具备消费金融资产开发能力的平台数量寥寥无几；另一方面，P2P 消费金融资产主要供给方之一——分期购物平台还未开始大规模地“跑马圈地”。

2015 年，随着 P2P 网贷行业竞争的加剧，资产渠道成为平台竞争的重要

“砝码”，各大平台在小额消费金融资产的布局加深；同时，主营 3C 消费品分期的分期购物平台为 P2P 网贷平台提供了大量的消费金融资产。

根据零壹数据的统计，2015 年 P2P 网贷行业的分期消费资产达到 250 亿元。2015 年下半年至今，各级监管部门对 P2P 网贷行业的监管趋严，印发的相关文件中多次强调网络借贷的“小额”“普惠金融”等特性，配置消费金融资产的 P2P 平台数量明显增多。

从数据上看，2013 年以前，P2P 年交易规模较小，消费类金融资产可忽略不计。2013 年 P2P 消费金融交易规模为 11 亿元；2014 年 P2P 消费金融同比增长 8.3 倍，首次突破百亿达到 102 亿元；2015 年，P2P 消费金融资产同比增长 4.1 倍，达到 519 亿元，其中分期消费资产占 48.1%；2016 年全年，P2P 消费资产合约 991 亿元，约为 2015 年的 1.9 倍；2017 年全年 P2P 消费金融资产大幅增长，规模超出我们此前的预期达到 4100 亿元，是 2016 年的近 4.14 倍。这种现象大概率受到“现金贷”业务迅速发展的影响，诸多 P2P 网贷平台在为小额在线短期消费贷款提供线上理财资金。

从 P2P 网贷平台的消费金融资产交易规模占当期 P2P 网贷行业整体交易规模的比例来看，这一占比呈现逐渐增长态势，2017 年占比增速较大，从 2016 年的 5%上升至 2017 年的超过 15%。

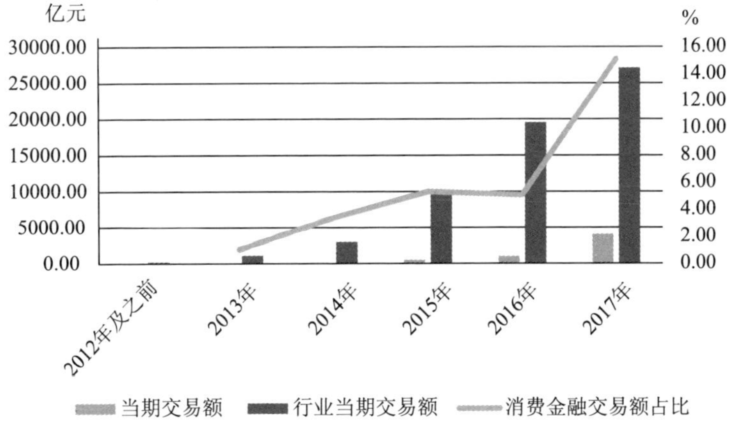


**图 2-4　P2P 网贷消费金融交易规模变化情况**

资料来源：零壹数据。

以上是根据数据可得性展现的市场规模情况。

从市场参与主体来看，互联网消费金融各类主体既包括商业银行、消费金融公司等，也包括占据线上优势的互联网巨头，如电商以及数量庞大的互联网金融平台等。

整体来看，零售类平台，尤其是综合性电商依托线上流量发展较具优势，是互联网消费金融的有力竞争者，典型代表企业为蚂蚁金服、京东金融等。

根据可获得的公开披露数据，蚂蚁金服消费金融贷款发放总量已达到人民币 6000 亿元；同时，蚂蚁金服的贷款资金来源主要是资产证券化，2017 年，蚂蚁金服共发行了 2430 亿元的资产证券化产品；受到监管规制，2018 年第一季度，蚂蚁金服等巨头的消费金融贷款规模已经有所收缩。

## 2.2 喧嚣的现金贷与“遇冷”的消费分期

我国消费金融业务的主要信贷产品（或服务）是现金贷款、消费分期，对应的是丰富多样的消费场景。不同的消费场景具有各自独特的风险特性，一般认为，信贷资金的用途越清晰明了，它的风险特征越容易描述和处理。相较而言，消费分期因为明确知道资金去向而风险较为可控，现金贷款因为资金用途不明确，因此风险较不可控。

在过去的 2017 年，或者说是更长的一段时间，现金贷款与消费分期迅速发展。与此同时，风险暴露，引发监管清理整顿。消费分期领域，在经过两年多的试水与迅速发展后，2017 年下半年开始，风险开始逐步暴露。集中体现在依靠中介展业所产生的操作风险、一定周期后累计的信用风险及业务发展面临的竞争风险等。例如，部分分期平台战略收缩，开始大裁员等，颇有发展“遇冷”的态势。“现金贷”业务则在“疯狂吸金”，引发社会风险后被紧急纠偏。在这一过程中，“现金贷”已经污名化。这里的“现金贷”被监管层给定了一个描述性定义，指的是无场景依托、无指定用途、无客户群体限定、无抵押特征的贷款，受到监管严厉整顿的则主要是非金融机构开展的个人现金贷款业务。这是消费金融行业特定阶段的一种典型业务类型。我们暂且将上述“现金贷”纳入广义的个人消费类现金贷款范畴，按照上面的划分，以下将回顾分析现金类贷款、消费分期类业务的发展情况。

### 2.2.1 爆发的现金贷款业务

#### 2.2.1.1 商业银行现金贷款业务——进入创新发展阶段

商业银行提供的现金贷款业务主要包括依托信用卡开展的预借现金、现金分期业务等以及普通个人信贷业务。在各类消费金融方面，银行仍然占据主导地位。

2003 年被称为中国信用卡元年，各个商业银行不断创新信用卡的产品及服务，并展开各类营销以拓展用户，市场开始竞争。

2006 年，中国人民银行主管的个人征信系统上线运营，实现了商业银行个人信用信息的共享，为防范金融风险、促进信用卡业务的发展创造了条件。

2003 年至今，是商业银行信用卡业务快速发展的阶段。2006 年，信用卡分期业务开始出现，针对用户在不同消费场景的需求开始出现各类分期付款业务，如汽车分期、家装分期、商户分期等，同时，部分银行开始组建线上分期商城等。

**表 2-2　我国内地部分商业银行消费金融服务（包括信用卡分期付款产品）种类**

| | 购车分期 | 装修分期 | 账单分期 | 商户分期 | 现金分期 | 分期商城 | 助学/留学贷款 | 其他综合性消费贷款 |
|---|---|---|---|---|---|---|---|---|
| 建设银行 | √ | √ | √ | √ | √ | √ | √ | √ |
| 工商银行 | √ | √ | √ | √ | √ | √ | √ | √ |
| 交通银行 | √ | √ | √ | √ | √ | √ | | √ |
| 农业银行 | √ | √ | √ | √ | | √ | √ | √ |
| 中国银行 | √ | | √ | √ | | | √ | √ |
| 招商银行 | √ | √ | √ | √ | √ | √ | √ | √ |
| 中信银行 | √ | √ | √ | √ | √ | √ | | √ |
| 光大银行 | √ | √ | √ | √ | √ | √ | √ | √ |
| 平安银行 | √ | | √ | √ | √ | √ | | √ |
| 民生银行 | √ | | √ | √ | √ | √ | √ | √ |
| 兴业银行 | √ | √ | √ | √ | √ | √ | √ | √ |
| 广发银行 | | | √ | √ | √ | √ | | √ |
| 浦发银行 | √ | | √ | √ | √ | √ | √ | √ |
| … | | | | | | | | |

注：统计截至 2017 年 4 月 31 日，或有变化。

资料来源：各银行网站，零壹财经 · 零壹智库。

**表 2-3　部分商业银行信用卡现金分期业务情况**

| | 招商银行 | 工商银行 | 建设银行 | 交通银行 | 中信银行 | 平安银行 | 民生银行 | 兴业银行 |
|---|---|---|---|---|---|---|---|---|
| 贷款对象 | 招行信用卡主卡持卡人 | （邀请）工行个人贷记卡主卡持卡人 | 建行信用卡主卡持卡人 | 交通银行信用卡主卡持卡人 | 中信银行信用卡主卡持卡人 | 平安银行信用卡主卡持卡人 | 民生银行信用卡主卡持卡人 | 兴业银行信用卡主卡持卡人 |
| 贷款额度 | 300元~5万元 | 600元~10万元，不超过信用卡总额度的80% | 500元~5万元，最高不超过持卡人可用信用额度 | 2000元~5万元，合计金额不高于申请分期付款时该信用卡固定信用额度 | 1000元起 | 2000元~10万元 | 最高额度30万元 | 2000元~5万元本人信用卡预借现金可用额度范围内 |
| 贷款期限 | 3、6、10、12、18、24期 | 3、6、9、12、18、24期 | 3、6、12、18、24期 | 3~24期 | 1、3、6、12、24、36期 | 6、12、18、24期 | 3、6、9、12、18、24期免息分期 | 3、6、12、18、24、36期 |
| 对应费率 | 3期0.95%<br>6期0.80%<br>10期0.75%<br>12期0.75%<br>18期0.75%<br>24期0.75% | | 3期0.81%<br>6期0.75%<br>12期0.75%<br>18期0.75%<br>24期0.75% | 分期偿还（本金分期偿还）0.25%~0.93%/月；随借随还（期限超过1个月且本金一次性偿还）0.45%~1.50%/月；随借随还（期限短于1个月且本金一次性偿还）0.015%~0.05%/日 | 1期1.5%<br>3期0.82%<br>6期0.82%<br>12期0.77%<br>24期0.76%<br>36期0.76% | 6期<br>0.62%~0.89%<br>12期<br>0.64%~0.83%<br>18期<br>0.64%~0.83%<br>24期<br>0.64%~0.83% | 3期0.90%<br>6期0.75%<br>9期0.75%<br>12期0.75%<br>18期0.75%<br>24期0.75% | 3期0.90%<br>6期0.80%<br>12期0.80%<br>18期0.80%<br>24期0.80%<br>36期0.80% |

续表

| | 招商银行 | 工商银行 | 建设银行 | 交通银行 | 中信银行 | 平安银行 | 民生银行 | 兴业银行 |
|---|---|---|---|---|---|---|---|---|
| 还款方式 | 分期还款 | 分期还款可全额或部分提前还款，不能展期 | 按期还款 | 如上可提前还款，剩余本金、手续费一次性入账，用户一次性还款 | 按月分期可提前还款，加收剩余未偿还本金3%为办理提前还款手续费 | 分期还款可提前还款，一次性付清未偿还分期余额及手续费 | 分期还款 | 分期还款可提前还款，一次性扣收尚未偿还本金及剩余期数分期手续费 |
| 其他 | 款项不得用于任何生产经营、投资等非消费活动领域、不用于偿还债务、借贷牟取非法收入、不用于法律法规或监管规定限制或禁止的用途，仅限用于合理的个人或家庭消费（包括但不限于装修、家电、婚庆、购车、助学、旅游、医疗等）。持卡人必须保留现金款项的相关消费凭证，银行或随时调阅消费凭证 | | | | | | | |

注：1. 统计截至2017年4月31日，或有变化；2. 每月手续费=分期总金额×每月手续费费率。

资料来源：各银行网站，零壹财经·零壹智库。

商业银行的现金贷款业务在逐渐发展过程中应用户需求而出现。随着信用卡业务的不断拓展，从分期产品的种类上看，现金分期产品开始出现，这是银行推出的特色服务，即持卡人为满足自身消费需求向银行提出申请，将信用卡内额度按一定比例透支取现，随后分期偿还本金及手续费的业务。

现金分期是对传统信用卡取现业务的突破和延伸，相较而言，传统的信用卡取现额度小、价格固定、变化空间小，难以满足用户临时的小额资金需求，而现金分期业务一定程度上弥补了这一不足。

商业银行现金分期业务会对借款人设置严格的限定条件，如上所述，提供现金分期的条件是用户已是银行的信用卡用户，且信用记录良好、有稳定的工作、较高的收入等。

现金贷款业务方面，商业银行除去信用卡现金分期业务外，还开展普通个人信贷业务，二者具有一定的区别。

**表 2-4 信用卡现金分期业务与普通个人信贷业务的比较**

| | 信用卡现金分期 | 普通个人信贷 |
|---|---|---|
| 申请方式 | 纯信用 | 抵押、担保、信用等 |
| 额度 | 小额（信用额度） | 大额（视资信、抵押物等而定） |
| 受理渠道 | 商户、客服、电话、互联网、网点等 | 一般为线下网点 |
| 程序 | 刷卡后申请 | 递交材料审批 |
| 期限 | 较短 | 较长 |
| 利率 | 差别较小 | |
| 还款方式 | 分期付款、可提前还款 | 到期一次性偿付本息 |

资料来源：零壹财经·零壹智库。

商业银行的以上现金贷款业务主要针对信用卡人群及信用记录良好、个人可支配资产丰富或具有可抵押资产等的相对优质的用户群体，已经将大部分信用白户人群等排除在服务范围之外。

一个不可逆转的趋势是伴随互联网金融的发展，包括信息技术、数据处理技术等的不断进步，商业银行的个人贷款业务开始碰触操作流程更加互联网、信用审核更加智能化的消费信贷业务。用户基本可以通过 PC 端、移动端进入申请，并且申请流程更加简洁，基本不用递交纸质材料，在线提交相关个人信息等就可以得到审批结果。

这种业务创新已经初步取得成效，尤其是那些积极拥抱技术、创新业务的银行。2017 年的银行年报数据显示，招商银行、平安银行等消费金融业务发展较快的银行在这方面的成果尤为突出。这将是银行业发展个人零售业务的一个趋势。

**表 2-5　部分商业银行网络快速贷款产品情况**

| | 浦银点贷 | 中银 e 贷 | 光大银行<br>随心贷 | 平安普惠 i 贷 | 广发 e 秒贷 |
|---|---|---|---|---|---|
| 所属银行 | 浦发银行 | 中国银行 | 光大银行 | 平安银行 | 广发银行 |
| 申请渠道 | 微信银行手机<br>APP 网上银行等 | 手机 APP 等 | 网上银行<br>手机银行等 | 手机 APP | 互联网在线申请 |
| 申请方式 | 纯信用 | 纯信用 | 纯信用 | 纯信用 | 纯信用 |
| 贷款对象 | 浦发银行现有房贷、代发和理财用户，将对行外优质用户开放 | 中行邀请用户 | 定向邀请用户 | 互联网用户<br>信用“小白” | 所有个人用户 |
| 贷款额度 | 最高 30 万元 | 最高 30 万元 | 1 万~30 万元 | 最高 3 万元 | 最高 30 万元 |
| 贷款期限 | 最长 5 年 | 有效期 1 年，<br>可循环使用 | 最长 1 年 | | 1 次申请，5 年<br>循环使用 |
| 贷款利率 | 年利率 7.82% | 年利率 7.2% | 年利率 5.0025% | 日费率 0.05%<br>年费率 18% | 广发银行储蓄卡用户月息 1.25%（年化 15%），其他银行卡月息 1.5%（年化 18%） |
| 还款方式 | 到期还本等额<br>本息等额本金 | 到期一次性还本付息、按月付息到期还本<br>随借随还、按日计息 | 支持线上全额<br>提前还款 | 随借随还<br>可提前还款 | 随借随还<br>按日计息 |

注：统计截至 2017 年 4 月 30 日，或有变化。

资料来源：各银行网站，零壹财经·零壹智库。

#### 2.2.1.2 消费金融公司现金贷款业务——后起之秀

按照 2009 年银监会与央行联合颁布的《消费金融公司试点管理办法》的界定，消费金融公司指的是经中国银监会批准，不吸收公众存款，以小额分散为原则，为境内居民个人提供以消费为目的的贷款的非银行金融机构。

在业务范围方面，消费金融公司不能提供用于购买房屋和汽车的贷款，因此主要专注于无抵押、无担保的小额消费贷款。具体来看，主要包括个人耐用消费品贷款和一般用途个人消费贷款。消费金融公司的贷款发放方式分为两种，即通过经销商发放和直接向借款人发放。前者消费金融公司代替借款人将款项支付给商户，此类产品需提供个人身份证信息等，申请较简单；后者消费金融公司将款项汇入借款人账户，借款人自行使用，此类产品借款人需提供个人收入、资产信息等资料，申请流程较复杂。

从目前已经审批设立的消费金融公司来看，基本上由银行主导发起设立，还有部分由零售企业主导发起设立，如苏宁消费金融、马上消费金融等。前者可以称为银行系消费金融公司，他们主要借鉴银行的风控体系，可以对接央行的征信体系，相较而言，产品具有贷款额度高、客户收入高和贷款规模大、一般用途贷款即现金贷款占比高等特点；后者可以统称为非银行系消费金融公司，他们与商家联系紧密，因此产品具有贷款额度较低、客户收入较低、耐用消费品贷款为主、申请过程短期等特点。

整体来看，消费金融公司的服务方式具有单笔授信额度小、无须抵押和担保、期限短、审批快、服务方式灵活的特点。他们大多是新成立的公司，成立之初便进行新技术的应用。加之成本较为低廉的资金加持，他们的业务发展迅速。2017 年的年报数据显示，大部分消费金融公司已经实现盈利。

表 2-6　部分消费金融公司的现金贷款产品

| | 捷信消费金融（捷现贷等） | 苏宁消费金融（任性借） | 中邮消费金融（邮你贷） | 招联消费金融（好期贷） | 北银消费金融（Mini 循环消费贷） | 中银消费金融（2345 贷款王） | 马上消费金融（马上贷） |
|---|---|---|---|---|---|---|---|
| 申请渠道 | 移动端、PC 端线下网点 | | PC 端 移动端 APP | 移动端 | | 移动端 APP | 移动端 APP |
| 申请方式 | 线上审核+人工审核 | | 线上审核 | 线上审核 | | 线上审核 | 线上审核+人工审核 |
| 贷款额度 | 短期 100 元~500 元<br>中期 5000 元~2.5 万元<br>长期 3000 元~4 万元 | 最高 20 万元 | 最高 20 万元 | 最高 20 万元 | | 500~5000 元 | 1000~5 万元 |
| 贷款期限 | 1~6 期<br>12~36 期 | 最长 5 年（60 期） | 最长 4 年（48 期） | 3 年内循环使用<br>最长 5 年（60 期） | | 最长 30 天 | 3~18 期 |
| 利率 | 短期月利率 2%~3.3% | | 月费率最低 0.6% | 日利率 0.0495%<br>月利率 1.485% | 日利率 0.045%<br>月利率 1.35% | 日费率 0.1%<br>月费率 3% | 月利率 1% |
| 还款方式 | 按月还款 | 按月还款 | 按月还款 | 按月还款<br>等额本息 | 按月还款 | 到期还款 | 按月还款 |
| 贷款对象 | 无信用卡人群 | | | | | 无信用卡人群 | |

注：统计截至 2017 年 4 月 30 日，或有变化。

资料来源：各消费金融公司网站，零壹财经·零壹智库。

### 2.2.1.3 互联网（金融）公司现金贷款业务——爆发式发展

从某种程度上看，依托线上进行的小额现金贷款业务的崛起，正是在互联网金融的发展过程中被快速催生出来的。

如果按照广义的现金贷款来划分，P2P 自兴起之时，为个人用户提供的小额现金贷款业务已经属于这一范畴。

但上述业务的发展也有路径演变。例如，P2P 借贷在资产端的发展持续多元化，已完成从普通小额信贷、抵押/质押贷款、保证担保贷款三类早期资产向多类垂直型资产的扩充。

随着网贷监管意见下发，提出小额分散的原则，并对贷款额度进行限制，P2P 平台的小额信贷业务被推上市场高潮。同时，助贷机构出现，他们选择在资产端深耕，并从机构获得资金，而摒弃了从互联网理财端获得个人资金。助贷机构的方式是特定背景下的产物，实践证明，被监管认定存在违规放贷情况；助贷方式扩散了金融风险，并且难以监管，这是监管层不愿意看到的情况，现阶段已经被叫停。

不过我们需要意识到，如果从行业长期的发展来看，互联网金融公司带来的金融业务的技术变革与市场培育值得肯定。

**（1）巨头公司的现金贷业务布局——赶超银行信用卡业务**

**蚂蚁借呗**

2014 年底，蚂蚁借呗开始测试，测试一年后，于 2016 年 1 月正式推出，并在 4 月开始发力，在当年双十一前后获得爆发式发展。截至 2016 年 11 月底，蚂蚁借呗服务用户达到 1000 万元，放款规模达到 3000 亿元，用户留存率达到 80%。

蚂蚁借呗的借款额度为 1000 元～30 万元，利率在万分之二至万分之五，用户可以随借随换，按日计息（含发放日），借款期限最长为 12 个月。（还款方式为按月等额本息还款、按月等额本金还款、按月付息，到期还本）逾期罚息利率为初始日利率水平上加收 50%。

除无确定用途的现金贷款业务外，2016 年 8 月与 10 月，蚂蚁借呗分别与租房、家装消费场景进行了融合，为用户提供额度较高的场景贷款服务。

蚂蚁借呗业务的资金来源主要由蚂蚁金服旗下的小额贷款公司及资产证券化方式提供。

**京东金条**

2016年3月，京东金融推出现金贷款业务——京东金条，邀请部分白条用户开通，提供最高20万元额度、最长12个月期限的现金贷款服务。京东金条采用差异化授信和利率定价方式，按日计息，日利率不超过万分之五。用户可随借随还，还款方式为等额本金（每期还款金额=贷款本金/贷款期数+（贷款本金-累计已还本金）×贷款日利率×当期实际天数）；违约金费率为0.075%（活动期间为0.06%）；如果用户有逾期，则加收违约金0.02%，为借款利息的50%。

京东金融与银行、信托等合作，开展联合放款，合作机构包括华融湘江银行、上海银行等；同时也通过小额贷款公司、资产证券化等方式获得资金。

**微众银行微粒贷**①

2015年5月，互联网银行微众银行面对个人的纯线上小额信用贷款产品——微粒贷在手机QQ上线。初期采用“白名单”制筛选用户，贷款额度由互联网大数据风控模型确定，最高为20万元，日利率万分之五，随借随还，按日计息。

截至2016年11月末，微众银行APP开户数超过160万人。微粒贷累积发放贷款总金额超过1600亿元，总笔数超过2000万笔，笔均放款约8000元，最高贷款日规模超过10亿元，最高日贷款笔数超过10万笔。除去白名单制筛选客户，微粒贷主动授信客户数超过6000万，覆盖了全国549个城市，31个省、市、自治区。2017年腾讯的财报数据显示，微粒贷余额近千亿。

巨头公司开展现金贷业务各有特征，蚂蚁借呗、京东金条等主要是内生需求推动，依托自有体系用户，利用自有风控模型进行，他们一般具备场景、

---

① 由于依靠股东腾讯的资源，业务模式互联网化，我们通常把腾讯入股的微众银行算在互联网巨头的布局中。

流量、资金等优势，微众银行则具备牌照、资金、风控等优势。

表 2-7　互联网公司现金贷产品情况

| 产品名称 | 推出机构 | 贷款期限 | 额度 | 利率 | 到账时间 | 资金来源 | 资金成本 |
|---|---|---|---|---|---|---|---|
| 借呗 | 蚂蚁金服 | 6、12 期，可随借随还，按日计息 | 最高 30 万元 | 日息万分之五，期限长可享受利率优惠（月利率 1.5%） | 即时到账 | 小贷公司、资产证券化 | 较低 |
| 金条 | 京东金融 | 1、3、6、12 期，可随借随还，按日计息 | 最高 20 万元 | 日息万分之五，期限长可享受利率优惠（月利率 1.5%） | 即时到账 | 小贷公司、银行、资产证券化 | 较低 |
| 微粒贷 | 微众银行 | 5、10、20 期 | 最高 20 万元 | 日息万分之五（月利率 1.5%） | 几分钟 | 存款、同业拆借 | 很低 |

资料来源：公开资料，零壹财经·零壹智库。

**（2）初创型公司——“助贷模式”撬动高杠杆发展，招致监管紧急叫停**

除部分 P2P 平台开展小额现金贷业务外，初创型公司开展现金贷业务的模式主要是助贷模式，即平台在前端负责获客、申贷及后端的贷后管理及催收等业务，资金则来自机构等各种方式，包括机构如银行、消费金融公司、信托、资产证券化以及 P2P 网贷方式等。

由于业务特征，这些平台的盈利来源主要是费用收入，如支付费用、风控技术服务费、平台信息服务费、数据服务费、资金托管账户费用等；同时，这类平台往往需要承担借款人的违约风险。结合资金获取方式，这种所谓助贷业务模式具有实质上的高杠杆运营特征，从而留下了风险隐患。

①互联网现金贷款产品的特点

A. 无抵押信用贷

主要是纯信用贷款，服务商不需要借款人提供抵押质押品或者担保方，主要凭借借款人的预期收入和信用历史确定是否贷款及贷款额度。同时，由于目标人群多是信用记录较少甚至缺失的人群，通常需要用户填写一些简单的申请资料，并借助外部数据源进行借款人身份的交叉验证。

B. 额度小

受制于用户群体信用空白的特征，同时由于采用线上审批方式，这种现金贷款提供的贷款服务额度较低，通常不超过 5000 元，也不乏部分平台风控能力较强，足以支持提供额度较高的贷款服务。

C. 高利率

多将用户承担的费用拆分成利息、手续费等不同部分，主要是为了规避最高法对民间借贷利率上限的限制，但综合费用仍然较高，主要逻辑是高利率覆盖高坏账，并获得收入。

D. 期限短

2017 年流行的贷款产品多为超短期限的产品，后在监管压力、业务策略改变中，能力较强的平台开始拓展其他类型的贷款产品。

**表 2-8　现金贷产品各类期限情况**

| | 超短期限 | 短期分期 | 中长期分期 | 循环授信 |
|---|---|---|---|---|
| 期限 | 7~30 天 | 1~6 个月 | 6~36 个月 | |
| 还款（计息）方式 | 按日计息 | 按月等额本息<br>按日计息 | 按月等额本息<br>按月等额本金等 | 按月等额本息<br>按月等额本金<br>按月付息到期还本 |
| 简介 | 类似发薪日贷款，通常用户需在申请时选择贷款天数；多数产品允许随借随还 | 用户可随时还款，并根据实际借款天数与未还本金计算应还利息 | 由于额度较高，为减轻用户还款压力，通常采用拉长还款期限、摊薄每月还款金额的方式 | 以授信方式管理用户可借额度，在进行风险评估基础上匹配不同授信额度，在此授信额度范围内用户可自主支用 |

资料来源：零壹财经·零壹智库。

E. 无指定用户人群

2017 年流行的贷款产品多为超短期限、额度超小的产品，部分平台采取高利率覆盖高风险的运营逻辑。他们不对用户人群进行严格认定与负债评估、不了解借款人贷款资金使用去向，甚至进行掠夺性贷款，对收入低、还款能力低的群体进行放贷，并造成市场恶性竞争。

F. 多数平台风控缺位

尽管新兴平台的业务开展多借助互联网技术，通过移动互联网渠道获客，借助外部数据验证申请人信息，采取人工智能技术进行信贷审批等，但大多数平台风控缺位，甚至几无风控，并随之收取高费率、进行不当催收等，从而扰乱了市场秩序。

②主要问题——损害金融消费者权益

A. 高利贷

贷款多费率超高，诸多平台综合服务费率年化超过 100%，甚至达到百分之几百，这是广受诟病的原因之一。

这种问题是多方原因造成的。从客观因素看，我国个人征信体系建设，主要指央行征信体系尚处于有待完善的阶段，一方面覆盖人群较少，另一方面数据维度较为单一。同时，互联网公司等并不能接入央行征信体系，使得平台难以全面准确地掌握个人信用信息，即使使用大数据分析及挖掘技术，由于数据并不共享，对于判断借款人还款意愿及还款能力的核心信息，尚不能完全掌握。从业务操作方面看，借款用户资质不一，而各平台的风控水平与能力也参差不齐，从而加大了平台对用户的信用审核难度。同时，线上信用审批方式加大了反欺诈难度，而欺诈行为层出不穷，这增加了平台的运营难度。从主观因素看，不排除部分平台抱着一夜暴富的心态进入市场，风控缺位，扰乱秩序。

整体情况是平台面临借款人信用审核等风险管控难题，这使得高费率与高风险共存。同时，极高的费率产生了放贷人更高的逐利性，容易带来更大的风险。

B. 债务陷阱

贷款主要针对低收入个人，满足他们应急需求或提前消费需求，而这部分人有时又缺乏对风险的把控，容易在还款困难的时候重复借贷，从而陷入一种债务陷阱中；有部分平台允许借款人展期，有借新还旧之疑。

C. 催收不当

存在不当催收行为，一些平台往往不注重前期风险控制，在遭遇大量违约后，一方面依靠高利率覆盖坏账，另一方面通过贷后催收回款以补偿损失等。但催收行为存在诸多不规范之处，例如，通过不断打电话骚扰借款人及其相关联系人；收取高额违约金等其他侵权或不当方式。

D. 信息不透明

例如，贷款价格包括多项收费，且在贷款成本、年利率等方面存在未披露的问题，或者采取复杂计算的方式，使得借款人很难判断各项收费及各类情况，往往存在一些认知盲点。

E. 个人信息泄露

平台的展业逻辑多是利用申请用户的诸多数据进行反欺诈、风险管理。这个过程中，可能存在的问题是用户数据被肆意抓取、使用，甚至被平台多次倒卖等，从而造成用户个人信息，尤其是个人隐私的泄露，这可能会连锁反应导致借款人在后续过程中被不当催收。

③小结

现金贷业务的参与主体众多、模式复杂、监管困难。本质上是一股由科技力量助推的金融自由化浪潮，也空前地将以往处在地下的民间金融推到前台，并冲击着我国现有的垄断与管制的金融体制。

这个过程中，在监管层看来，现金贷业务，尤其是非金融机构开展的现金贷业务带来了金融风险和社会风险，随后便采取措施清理整治并表明监管逻辑。首先，一切金融业务应该纳入监管，而已有的业务模式基本游离在监管之外；助贷业务模式在无监管情况下，放大了运营杠杆，加之有将风险传导至金融机构体系内的可能，因此需要制止；其次，已有业务损害了金融消费者的权益，已经引发了社会风险，因此需要紧急纠偏。

我们认为，现金贷的粗放式发展恰恰展现了我国金融监管体系、金融服务基础设施的不完善，这才是今后监管层需要着力的地方。

### 2.2.2 发展“遇冷”的消费分期

#### 2.2.2.1 3C分期

3C电子产品是计算机（Computer）、通信（Communication）和消费电子产品（Consumer Electronic）三类电子产品的简称。3C 消费分期指的是消费金融服务商针对 C 端用户购买 3C 产品所提供的代付类金融服务。

如果从消费金融服务商进阶场景的角度看，3C 电子产品属于首先要进入的领域，一方面随着互联网技术的发展，该类产品渗透率逐渐高，并成为人们生活的必需品，产品的需求旺盛；另一方面，3C 产品的客单价较高，更新速度快，用户购买时分期的需求较强，尤其是移动互联网人群，如年轻白领、蓝领及大学生人群等，他们对于新兴设备购买欲望较强，但同时收入相对较低，这种矛盾催生了分期消费的需求。再一方面，3C 类产品相对而言属于较为标准化的商品，产品价格透明，用户认知清晰，对于消费分期的服务商来讲，大规模开展标准化业务成为可能，这也是消费金融服务商基本会开展此类分期业务的原因。

**（1）市场主体与模式**

商业银行主要通过信用卡为用户提供 3C 产品的分期服务，通常与线下商家合作，用户购买产品支付时可以申请信用卡分期付款，但一般会受到开户行及信用额度的限制。

消费金融公司开展 3C 产品的分期服务以 2010 年获得首批消费金融公司牌照之一的捷信最为典型，它的模式是线下驻店模式，即不设立固定物理网点，而在合作的消费点派驻办公人员或者设立柜台，围绕 POS 终端，为目标用户提供消费贷款服务。当用户购买产品需要支付时，销售人员可推荐用户选择捷信的分期付款方式，用户提交申请材料，捷信线下人员在初步审核后将资料上传，并在后台进行审核授信；若通过，捷信代替用户向商家付款，用户则按期向捷信还款。捷信每笔贷款业务的处理时间约为 1 小时。截至 2018 年 2 月，捷信在中国的业务已经覆盖 29 个省份和直辖市，312 个城市；贷款服务网点超过 23 万个，服务的活跃客户超过 1900 万人。

消费金融公司开展业务的资金主要来自于股东或者同业拆借，同时也有诸多机构试水资产证券化、金融债券等方式拓宽资金来源、加快流动速度，以支持规模扩大的需要；消费金融公司的盈利主要来自利差及销售分成。

网络购物的快速发展使电商成为消费金融重要的服务商，3C 产品消费分期的重要服务商是分别依托综合电商阿里、京东的蚂蚁金服和京东金融以及垂直电商，如乐信集团等。在自有体系内，用户购买3C产品可以选择信用支付方式，如蚂蚁花呗/借呗、京东白条/金条等都支持赊购或分期付款，用户体验流畅。

上述消费金融服务商的资金主要来自于小贷公司及资产证券化，或对接银行、信托等获得机构资金等。盈利主要来自于利差及销售利润等。

P2P平台在受到监管的影响下，纷纷转向消费金融领域，大部分平台选择进入3C产品分期领域，开展方式或自建电商平台，或与线下商家合作，资金主要来自线上理财端。

**（2）业务发展面临的风险**

①业务风险

3C产品价格较透明，容易变现，对于服务商来讲，面临的主要风险是用户的套现风险，其次是信用风险。除银行外，其他消费金融服务商基本针对无信用卡人群提供服务，他们往往没有信用记录、收入较低等，在还款能力及还款意愿的判断与评价上需要更加精准与精细化，尤其是那些后进入市场的主体，如果积累不够，经验不足，面临的坏账及不良风险较大。

②市场竞争风险

3C产品的消费分期市场逐渐变得拥挤，各类市场主体纷纷涌入，对于老平台来讲，面临着新进入者的威胁，新进入者往往在用户体验上更进一步。多类主体在更加激烈的分食线下场景，商家将处于优势地位，支持多种分期支付方式以供用户选择；同时，电商将加速争夺线下消费场景，线下商家也将拓展线上业务，整体而言，市场竞争进入白热化阶段。现阶段捷信、依托电商的消费金融服务商已经占据了3C分期市场的主要份额。

### 2.2.2.2 教育培训分期

我国的教育培训肇始于改革开放以来公办高校继续教育学院的发展及后来网络学院开展的各类学历课程培训；同时，出国潮、学历热、考试热等市场需求急剧增长。各类因素共同催生了我国的教育培训市场，这一市场也在后续发展过程中经历了三个阶段：20世纪80年代的百花齐放阶段；90年代的野蛮生长阶段；21 世纪以来的国际化阶段。

20 世纪 80 年代初，政策鼓励社会力量办学，行业迎来短暂发展；90 年代中期以后，一些私立教育培训集团伴随着出国留学热纷纷设立，同时，一些港台及海外培训企业看中中国市场并登陆中国；2008 年以后，国际培训产业资本抢滩中国市场并推出新的培训品牌，催生并促进了我国高端培训的发展。目前，我国教育培训的市场主流是中、低端技能培训。

市场上的教育培训服务类型主要有学历教育（成人高考、自考、考研、考博等）培训；少儿培训、家教等；外语培训、留学移民培训；管理培训；IT 培训；公职人员考录培训；职业资格认证培训、职业技能培训、任职资格培训，等等。

**表 2-9　教育培训分类情况**

| 类别 | 具体项目 |
|---|---|
| 家教类 | 小学、初中、高中、大学、一对一、夏令营、特长、寒暑假 |
| 幼儿类 | 学前、亲子、智力开发、幼儿托管、全日托管、儿童托管、幼儿园、一对一、胎教 |
| 语言类 | 各类语种；托福、雅思、职场英语、商务英语、考研英语等 |
| 职业技能 | 建筑师、理财规划师、心理咨询师、会计、厨师、美容美发、营养师等 |
| 设计培训 | 平面设计、网页设计、服装设计、模具设计、室内设计、建筑设计、广告设计、CAD 培训等 |
| IT 培训 | 软件工程师、网络工程师、网络营销、动漫游戏、数据库培训、IT 认证、JAVA 培训等 |

资料来源：零壹财经·零壹智库。

教育行业的市场总量足够大，且集中度不高，没有单个学校或机构占据绝对的垄断份额，因此已经有诸多消费金融服务机构进入市场。

按照实际借款人分类，教育培训行业的贷款业务分为父母为借款人的贷款和本人为借款人的贷款。父母为借款人的贷款一般是银行助学贷款，如大学助学贷款和留学贷款等，提供方通常是银行。此外，还有一些大学或者技术学院为学生提供无息贷款，这是政府、银行和学校相互配合的政策性金融产品，已经不属于市场化行为，暂不考虑。

现阶段大多数消费金融服务商看中的是年轻白领、蓝领及学生群体，并为他们的教育培训需求提供贷款服务。

### （1）市场主体与模式

针对市场上年轻白领群体、蓝领群体及学生群体，消费金融服务商通常提供专业技能培训的分期服务。

表 2-10 教育培训市场需求划分情况

| 需求 | 年轻白领 | 蓝领 | 学生（初中、高中、大学毕业） |
|---|---|---|---|
| 语言培训（英语） | √ | | √ |
| IT 培训 | √ | √ | √ |
| 职业技能（会计、厨师、美容、汽修等） | √ | √ | √ |
| 职业资格认证 | √ | √ | √ |
| 设计培训 | √ | √ | √ |

资料来源：零壹财经·零壹智库。

市场主体包括银行、消费金融公司及互联网金融公司等，提供的产品及服务主要是信用卡、代付类消费贷款及现金贷款等。

表 2-11 教育培训分期典型产品

| 机构 | 产品（合作机构） | 模式 | 额度 | 期限 | 利率（费率） | 还款方式 | 资金来源 |
|---|---|---|---|---|---|---|---|
| 百度金融 | 百度有钱花·教育分期（700 多家教育机构） | 代付类分期，现金贷款 | 视学费、个人资信情况而定 | 12/24 期 | — | 等额本息先息后本等 | 小贷公司资产证券化等 |
| 乐信集团 | 教育培训分期（网络课程） | 代付类分期 | 网络课程零售价 | 12 期 | — | 等额本息 | 小贷公司资产证券化 P2P 等 |
| 蜡笔分期（玖富控股） | 教育培训分期等（上千家机构） | 代付类分期，现金贷款 | 视个人资信情况而定 | 最长 36 期 | — | | P2P 外部机构资金等 |
| 达内科技 | IT 培训分期 | | | | — | 先息后本等 | 与宜信、银行等机构合作 |
| 中国建设银行 | 鑫菁英教育分期 | 代付类分期 | 最高 50 万元 | 最长 48 期 | 年费率 4.808% | 等额本息 | 银行存款 |

资料来源：零壹财经·零壹智库。

消费金融服务商提供此类服务首先考虑的是具体的教育培训场景，要与线下学校合作，同时派驻工作人员与学校招生办合作，共同为潜在学生群体推荐此类服务。

**（2）业务发展面临的风险**

①业务风险

教育培训机构的获客成本并不低，各类培训机构针对潜在人群通常会通过去各大高校宣讲、在线下发传单地推、利用搜索引擎推荐等方式获取用户。对于消费金融服务商来讲，一方面要寻找合作机构，另一方面要向目标人群推广，获客成本较高，开展这一业务前期需要加大投入进行用户教育与培养，存在较大的业务经营风险。

②信用风险

消费金融服务商通常以代付方式开展教育培训分期业务，一方面要审核培训学校的资质，另一方面要审核用户（学生）的资质；培训学校数量众多、良莠不齐，消费金融服务商替用户代付学费后，培训学校经营不善或卷钱跑路的情况并不少见，这将影响学生的还款意愿，因此与优质的教育培训平台合作是第一要素；另外，培训学校往往基于招生需求，大力推广分期服务，但希望学生缴完学费不来上课，这样可以增加利润，但学生不去上课就会影响还款意愿，这对消费金融服务商不利，可能会增加不良。2017 年，这种风险已经有所显现。

③市场竞争风险

银行在出国金融业务方面深耕已久，市面上开展各类教育培训分期的机构也已经很多，而且一些强背景的消费金融服务商已经切入，市场竞争较为激烈。

### 2.2.2.3 汽车消费分期

汽车销售融资主要指的是金融机构（包括商业银行、汽车金融公司、财务公司等非银行金融机构）向经销商、用户（购买汽车时）提供的融资服务（主要是贷款），主要包括对经销商的库存融资（批售融资）和对用户的分期付款融资（零售融资）。

目前在汽车零售融资领域，为用户提供金融服务的主体逐渐多样化。除传统的商业银行、汽车金融公司外，在互联网汽车消费金融层面，也开始出现各类主体，包括互联网金融公司（P2P、助贷平台等）、二手车电商与汽车融资租赁公司等，开展业务的方式在逐渐互联网化，同时不同的主体业务的侧重点各不一样：银行、汽车消费金融公司主要在新车销售市场提供服务，特点是给用户的借款利率很低，其他各类主体较关注二手车市场的销售；同时低价新车市场也是一个重点。

中国汽车工业协会预测，汽车消费金融余额将稳步快速增长，截至2020年，中国汽车消费金融的市场容量有可能突破1万亿元人民币，消费金融的渗透率也将突破30%，预计届时汽车金融公司和商业银行将平分消费信贷市场。但就目前市场发展情况来看，未来格局或许会发生变化。

**（1）传统金融机构的模式**

汽车消费金融属于零售业务，客户数量多、额度小、成本高、效率低、违约车辆处置和变现都比较困难，相较而言是一项高投入、低产出的业务，早期的发展不规范，风险较高。

我国的汽车消费金融业务在发展过程中的一个特点是主要由各商业银行与经销商及汽车生产企业共同展开。同时，由于资金筹措、网点建设、风险管理等原因，汽车生产企业的财务公司基本没有介入这一市场。

①商业银行

商业银行在提供汽车金融服务方面具有优势，包括资金实力雄厚，营业网点较多，分支机构较广，开展信贷业务时间较长等。相较而言，商业银行在这一领域积累了不少经验，有一整套比较可行的操作模式和风险控制机制。

除一般汽车消费贷款外，商业银行还开展信用卡汽车分期产品。具体来看，银行与汽车厂商建立总对总的合作关系，筛选出优质经销商，主要给优质信用卡客户提供服务，模式以纯信用模式为主。

汽车融资租赁是融资租赁业态在汽车行业的应用，一般指的是汽车金融公司以汽车为租赁标的物，根据承租人对汽车和供货人的选择或认可，将它从供货人处获得的汽车按照合同约定出租给承租人，并向承租人收取租金的交易活动。

在这种模式下，用户在缴纳一定保证金后，每月支付约定租金，期满后支付少量尾款可获得汽车的所有权。

现阶段不仅是汽车金融公司，一批融资租赁公司也已经开始从事汽车融资租赁业务。

②汽车金融公司

汽车金融公司是汽车消费分期业务的主要参与者。根据中国银行业协会汽车金融专业委员会的《2015 汽车金融公司行业发展报告》（以下简称《报告》），截至 2015 年末，已获批的 25 家汽车金融公司总资产达到 4190.06 亿元，比上年末增加了 786.73 亿元，同比增长 23.12%，较上年同期约 30% 的增速有所放缓；负债规模为 3510.71 亿元，比上年末增加 594.89 亿元，同比增长 20.40%；不良贷款余额为 21.22 亿元，行业平均不良贷款利率 0.54%，资产质量总体保持稳定，抗风险能力较强。

**表 2-12　三大汽车消费信贷主体的客户定位和竞争优势情况**

| | 商业银行汽车消费贷款 | 信用卡汽车分期 | 汽车金融公司 |
|---|---|---|---|
| 客户群体 | 中高端用户 | 中高端用户 | 相对低端 |
| 贷款期限 | 1~3 年 | 1~3 年 | 1~5 年 |
| 贷款利率 | 较低 | 较低 | 较高 |
| 用户提交材料 | 多且复杂 | 一般 | 少且简便 |
| 贷款模式 | 抵押为主 | 信用为主，抵押为辅 | 抵押为主，信用未辅 |
| 办理速度 | 较慢 | 较快 | 快 |
| 风险管理能力 | 一般 | 一般 | 强 |
| 车型选择 | 不限汽车品牌 | 多种汽车品牌 | 单一汽车品牌 |
| 产品种类 | 首付+月供 | 首付+月供<br>尾款延期支付 | 首付+月供<br>首付+月供+尾款<br>尾款处理：全额付清、再次分期、置换新车 |

资料来源：白蓉，刘欣．多样化市场格局下的汽车消费信贷发展趋势［J］．中国信用卡，2013，8.

**（2）互联网金融领域的新模式**

①以租代购

传统机构发展汽车消费金融的过程中尚存在一些问题，如商业银行更看重向汽车经销商批发贷款，个人汽车消费金融的规模在2012年之前的10年中，不仅没有增加，反而有所下降。汽车金融公司由于资金受限等因素相较而言也面临一些障碍。

与此同时，随着电子商务及互联网金融的发展，汽车消费金融正在迎来一个新的发展阶段，汽车电商、互联网金融公司等开始介入市场。它们的经营运作方式更加互联网化，如网上看车、订购、支付、信息收集与反馈、售后服务等，用户风险评估等也逐渐采取互联网的方式进行。

目前，互联网金融领域的汽车融资租赁业态受到追捧，更多的提法是以租代购，以租代购的实质是融资租赁，是租车和贷款购车的结合，其中部分平台看中二手车交易，部分平台看中新车交易，方式主要有直租和售后回租。

这些服务商由于资质及定位因素，资金来源往往成为重要问题，初期阶段可能采用成本较高、来自互联网金融平台（如P2P网贷平台）的资金；随着业务量及风险控制的逐渐稳定，它们会选择从银行、消费金融公司或发行资产证券化产品的方式等获得资金，也有一些公司通过发起设立或投资入股融资租赁公司的方式开展业务。

一些介入这一领域的P2P网贷平台可能会开展租金收益权转让（可以认定为债权转让）的业务，不过就网贷行业新规要求，债权转让将不可行，那些试图从融资租赁方式切入消费金融，并且从P2P网贷平台获得资金的模式存在不合规的风险，但可以考虑从其他方式获得资金。

另外，汽车消费过程中的附加信贷需求也被逐渐挖掘，如一些机构开展车险分期服务等。

②互联网汽车消费金融服务特征

从国外汽车消费金融的发展经验看，开展汽车消费金融业务需要几个方面的条件，如具有一定规模的汽车市场和金融资产，具有基本的法律、法令保障，有相对完整的金融组织体系和汽车销售体系，同时有专业的经营管理经验和手段等。

汽车消费金融业务起源于美国，在欧美、日本等发达国家具有较长的发展历史，相较而言，已形成较完善的产业链条。我国的汽车消费金融起步较晚，发展缓慢，上文也分析到，市场主体在较长时间段内主要是商业银行、汽车金融公司等，开展的业务范围还有待拓展，如将汽车消费金融延伸到融资租赁、金融保险、购车理财、维修保养等各个链条和环节中。

目前，互联网公司等纷纷介入汽车消费金融市场，但由于惯性，往往难以与已有市场主体开展竞争，业务定位主要是进行错位竞争。

相较于上述商业银行、汽车消费金融公司提供的汽车消费金融服务，目前的互联网汽车消费金融服务商具有以下特点。

**表 2-13　互联网汽车消费金融服务商特点**

| | 互联网汽车消费信贷服务 | 备注 |
|---|---|---|
| 客户群体 | 低端用户 | 诸多业务开展向三四五线等城市延伸，甚至将群体锁定在农村人群，销售车辆也属于较低端的车辆类型 |
| 贷款期限 | 1~3 年 | |
| 贷款利率 | 高 | |
| 用户提交材料 | 简洁 | |
| 贷款模式 | 抵押、信用 | |
| 办理速度 | 快速 | |
| 风险管理能力 | 较差 | |
| 车型选择 | 不限汽车品牌 | |
| 产品种类 | 首付+月供 | |

资料来源：零壹财经·零壹智库。

③小结

互联网汽车消费金融服务商的出现拓展了市场，最大的特点是丰富了汽车金融服务结构，各个层次资质的人群都将有可能享受到汽车购买过程中的金融服务。

尽管我国汽车市场已经成为世界第一大汽车市场，继续保持高速增长态势的可能性较小，但随着消费升级，市场需求还将旺盛，低端新车市场、二手车市场还有巨大发展空间。与此相对应，消费金融服务还有市场前景，未来，市场主体还将更加多样，竞争也将更加激烈。另外，从销售的角度讲，融资租赁作为一种促销手段正得到市场重视，汽车融资租赁有可能迎来快速发展时期。

#### 2.2.2.4　家装分期

家装分期的格局在互联网推动下发生了诸多变化，从市场格局上看，商业银行有信用卡分期产品（代付类）、直接支付类装修贷款产品，还有其他公司提供的各种代付类产品和服务。由于商业银行的贷款产品申请相对较困难，因此，市场上出现了众多新的装修分期产品，从近期的情况看，大部分的模式是依托于线上装修平台的渠道，给用户提供代付装修贷款，其中提供贷款的主体有消费金融公司、互联网（金融）公司等。

**（1）市场主体与模式**

①商业银行信用卡家装分期

商业银行的家装分期付款指的是为满足个人消费者住宅装修的大额用款需要而授予的临时性无抵押信用贷款，用户群体包括现有信用卡持卡人及未持卡申请人，即无卡分期。无卡分期指的是个人消费者在并未持有某银行信用卡的情况下，在该银行指定的商户消费后，可以现场申请信用额度并在指定 POS 上完成分期付款。

银行的这一业务是消费金融领域典型的代付类业务，具体来看，商户与用户之间的债权债务关系转移到了银行和持卡人之间，即用户与商家签订装修合同之后，银行按照合同金额与用户的资信状况将全部或部分合同金额支付给商户，商户按照合同约定为用户提供相应的建材及服务，用户按照与银行约定的分期期限和还款金额等按月还款，直到债权债务关系解除。

②银行家装分期业务的风险点

A. 欺诈风险

家装分期业务的欺诈风险主要表现为用户和商户联合套现。套现方法表现为商户与用户协同向商业银行提供虚假装修协议、虚假家装房屋的房产证明、虚假购货单据，骗取商业银行信用额度；用户刷卡后待商业银行将货款转至商户结算账户后，商户提现或转入用户账户完成套现。

信用卡套现放大了银行的信用风险。用户的套现目的是为了将信用额度变为现金随意支配，以解决其流动性需要；若到期后用户由于现金流困难而无法还款，银行极有可能遭受损失。

B. 信用风险

家装分期业务的信用风险一方面表现为用户不能按期偿付；另一方面表现为商户的信用风险，前文已有阐述，家装分期的业务模式为银行根据申请人的资信情况和装修合同将装修预算款先行垫付给商户（装修公司），由商户（装修公司）按照工程进度采购并提供装修服务。因此，存在商户（装修公司）收到银行垫付的预算款但尚未提供相应服务的真空期。装修公司则多以外包方式提供室内设计及装修服务，而一旦装修公司出现经营困难或经营者携款外逃等情况，用户就不能按照先前的约定获得装修服务。用户有可能拒绝偿还银行信用卡款项，此时银行已先行垫付款项，因此必然受到损失。

C. 操作风险

操作风险一方面指的是一些商户内控不严、操作不规范，甚至故意配合用户套现，加大银行的信用风险等；另一方面，银行可能会在业务操作过程中在信用卡分期准入、征信审查等环节出现管理松懈、审查不严的问题，一些银行人员则有可能为一己私利而为商户和用户的套现提供可乘之机，从而造成银行的资金损失。

D. 市场风险

市场风险主要表现在两个方面，一方面，利率变化导致资金成本面临利率风险，在用户还款期间，如果利率处于上升期，银行将承担由此增加的资金成本；另一方面，家装分期的期限一般较长，如果用户所购买的商品或者服务的市场价格下降到不足用户的还款余额时，用户还款意愿则可能发生变化甚至放弃还款；再一方面，如果装修质量等出现问题，用户可能会将银行列入投诉对象，从而产生纠纷，银行可能会因此声誉受损或资金受损。

**（2）其他代付类家装分期**

①市场概况

家装 O2O 是家装服务与互联网相结合的体现，模式经历了纯中介平台到半包式装修服务再到全包式装修服务的演变过程，业务点不再仅仅是线上获客，而是模式越来越重，偏向于标准化、一体化的服务。目前市场上的新型家装服务平台已经倾向于介入装修的全流程，并推出介入交易环节的金融服务，主要表现是代付类消费贷款服务。

标准化、一体化的装修不包含家电产品等，用户还需自行购买，作为消费金融服务商与平台的合作，一个可能的模式是为用户提供家装服务的同时，也为用户提供家居家电的一站式分期服务。现阶段，市场上已经有了这样的尝试。

**表 2-14　互联网家装分期典型产品**

| | 土巴兔（装修贷） | 爱空间 | 绿豆家装（睡到付款） |
|---|---|---|---|
| 面对人群 | 年轻群体，互联网用户等 | | |
| 贷款额度 | 最高 20 万元 | 最高 20 万元 | 最高 30 万元 |
| 贷款期限 | 3~60 期 | 5 年 60 期 | 最长 12 期 |
| 贷款利率 | 月费率 0.625% | 费率上限 5% | 推广期 0 费率 |
| 还款方式 | 按月还款 | 按月还款 | 按月还款 |
| 合作对象 | 招联消费金融 | 百度有钱花·家装分期 | 京东白条 |

资料来源：零壹财经·零壹智库。

②业务风险点

消费金融服务商通过与标准化的装修平台合作以获得具备真实需求的用户，且进行标准化的装修服务，能一定程度减少用户因为装修不满意而拒绝还款的情况。此外，装修公司会验证用户房产手续的真伪，从而能进一步降低用户的欺诈及信用风险。但服务商同样会遇到欺诈风险、信用风险、市场风险及运营风险等，需要不断优化规避。

### 2.2.2.5 医疗美容

**（1）市场概况**

随着生活水平的不断提高，人们在满足基本生活需求的基础上开始关注美。医疗美容在我国起步至今已经有近 30 年的时间，人们生活水平、审美观念等的变化，使得医疗美容迅速发展。

根据国际美容整形外科协会的统计，2014 年全球共进行了超过 2000 万次手术和非手术整形，美国、巴西、日本、韩国、墨西哥排在整形次数的前五名，中国未进入前 10 名，还有增长潜力。弗若斯特沙利文咨询公司的数据显示，中国的医疗美容服务总收益由 2009 年的 28 亿元增至 2013 年的 47 亿美元，复合年增长率为 14.2%，2014—2018 年，市场有望维持 13.8%的复合年增长率，到 2018 年将达到 91 亿美元。[①]

医疗整形美容是一门多学科、多领域交融的新兴学科，要求从业者具备较为全面的学科知识和专业能力。1991 年，中华医学会批准成立了中华医学会医学美学与美容学学会，这显示了相关卫生行政管理部门对医疗美容从业者素质的重视，以及对学科建设的重视。

就目前的情况看，我国的医美行业并不规范，例如，在高额利润的驱使下，无资质行医、违规操作、使用不合格产品等现象层出不穷。如果消费者使用了不合格的产品，或者由没经过正规培训的人员进行手术，很可能出现毁容或者带来生命危险的情况。

2002 年，国家颁布了《医疗美容管理办法》，对机构设置、登记，执业人员资格，执业规则，监督管理等做出了规定。

2016 年 1 月 9 日，国家卫计委下发了修正版，对外国医师来华短期行医的管理办法等进行了修正。

在医疗美容机构的不断发展过程中，消费金融服务商逐渐与其达成合作，医美分期纷纷出现，尤其是 2016 年，主要受政策及资本市场影响，各类主体相继推出类似的产品及服务。

---

① 林左鸣．新消费升级［M］．北京：中信出版社，2016，3.

医美分期的参与主体主要有银行、消费金融公司、P2P 网贷平台及其他各助贷类初创型公司。

医疗分期业务的开展，基本的获客方式是驻点获客，机构基本会在医院派驻销售人员，或者与医院的销售人员合作，为用户推荐分期付款的方式。

这种方式的缺点是模式重、成本高、无法获得销售返点，业务运作的效率并没有明显提升。目前的一些方式是很多机构会利用微信、手机 APP 等作为用户入口，支持用户在线提交申请资料并完成付款等。

**（2）业务风险点**

①获客成本高

消费金融服务商严重依赖于医美场景，而市场上正在出现大量的医美分期机构，分期服务之间缺乏足够大的差异性，同质化现象突出，为此，消费金融服务商短期之内需付出更多的营销获客成本，长期来看，存在较大的市场竞争风险。

**表 2-15　医疗美容部分产品情况**

| 机构 | 米么金服 | 特尤美 | 美分期 | 易美建 |
|---|---|---|---|---|
| 产品 | 么么钱包 | 整形分期 | 美分期 | |
| 面对人群 | 年轻女性群体 | 女性群体 | 有医疗健康需求的人群 | 女性群体 |
| 贷款额度 | 最高 5 万 | 3000 元~8 万元 | 2000 元~20 万元 | |
| 贷款期限 | 6/9/12/18 期 | 3/6/9/12 期 | 最长 24 期 | 6/9/12 期 |
| 贷款利率 | 年化费率约 19% | — | — | — |
| 还款方式 | 分期付款 | 分期付款 | 分期付款 | 分期付款 |
| 资金来源 | 银行、保险、信托、P2P 等 | 银行等 | 银行等 | 银行等 |

注：统计数据截至 2017 年 4 月 30 日，或有变化。

资料来源：零壹财经·零壹智库。

②欺诈风险大

由于医疗美容利润率高，“咨询师”“医生顾问”等只要能拉住客人，就能从医院、消费金融服务商双方同时获取可观的返点佣金。为了扩大业务量，部分“咨询师”还与拉客的网红、中介等沆瀣一气，通过许诺高额好处费等为诱饵，招徕大量缺乏甚至毫无还贷能力的人，让他们办理医疗美容分期贷款，这会导致出现大量不良贷款。现阶段，提供医美分期服务的初创型公司存活的不多，主要是欺诈风险较大。

③医疗纠纷

医疗美容行业说到底属于医疗行业，手术可能会存在风险，医美效果与用户预期之间也会产生差异，这会导致纠纷，而纠纷的结果可能是用户拒绝还款。这是医美分期业务中最大的风险来源。

#### 2.2.2.6 旅游分期

旅游分期市场存在了很多年，2006 年左右，商业银行的旅游分期产品出现，2014—2015 年，随着互联网及互联网金融的发展，在线旅游商纷纷推出各类分期支付产品和服务。

**（1）旅游分期模式及现状**

旅行社早已试水旅游金融的相关服务，一种模式是利用自有资金开展延期付款业务，主要应用于旅行社的大客户，大客户通过招标并约定合同付款方式，并对部分款项进行延期支付，类似于商品的赊销。但受制于资金约束等，旅行社难以独立地为单独用户提供分期付款服务，因此旅行社往往与商业银行等其他市场参与主体合作开展这类业务。

常见的旅游分期参与主体包括商业银行、消费金融公司、P2P 网贷平台及旅游网站等。其中，时间较久、较为成熟的是商业银行的服务。银行的旅游分期一般分为特约商户分期和任意的消费分期，特约商户分期指的是旅行社与银行签订合作协议，用户在这类旅行社选定旅游路线，直接刷卡支付团费就可以办理分期付款业务，同时，一些银行还与航空公司合作，推出信用卡购买机票的分期付款业务。特约商户旅游分期业务的优势在于没有手续费支出，劣势是合作旅行社和旅游路线受到限制，用户不能广泛进行旅游产品的选择，体验较差。

任意的消费分期指的是不受指定商户和指定商品限制的信用卡分期付款业务，对于用户来讲，可以货比三家，对比不同旅行社的不同旅游产品，并选择出价格优惠、称心如意的旅游路线，先刷卡消费，然后向银行提出申请办理分期付款。这种分期方式的优点是用户的选择面广泛，避免了某家旅行社只使用某类信用卡的限制，但用户需要对比各家银行分期付款的规定，因为各家银行的收费、额度等各不一样。

除银行外，消费金融服务商如蚂蚁金服、京东等，由于存在第三方支付的便利性和大端口的流量优势，从而可以更加便利地开展旅游业务。如阿里旅行（现为飞猪），蚂蚁金服的支付宝提供流量入口、便捷支付功能，甚至开展分期付款等金融业务；京东金融推出旅游白条，战略投资旅游分期平台首付游为用户提供垫付类的旅游消费分期服务等。

另外一类自成体系的参与主体是在线旅游商（OTA），它们本质上是一个开展旅游电商业务的平台，可以对接很多线下旅行社，是旅行社的获客来源之一，特点是流量集中，并可以自行研发推出旅游分期产品，甚至开展其他金融业务。

**表 2-16　旅游分期部分产品情况**

| 时间 | 在线旅行社 | 分期付款业务 | 方式 | 合作机构/资金来源 | 金融业务 |
|---|---|---|---|---|---|
| 2006 年 | 携程旅游 | 零首付、零利息的分期付款自由行产品 | 信用卡分期<br>旅游信用卡 | 银行（中信银行、农业银行、广发银行、招商银行等）网络小贷公司 | 消费金融<br>外汇<br>退税<br>支付<br>（携程金服） |
| 2011 年 9 月 | 中青旅遨游网 | 零首付、零利息手续费的分期在线支付活动 | 信用卡分期 | 招商银行 | — |
| 2015 年 7 月 | 去哪儿网 | 拿去花 | | ABS 方式、 | 消费金融<br>理财<br>保险 |
| 2015 年 8 月 | 同城旅游 | 程程白条 | | 宣布双十亿计划，设立总额为 10 亿元的信贷资金；网络小贷公司 | 消费金融<br>预付卡<br>理财<br>供应链金融<br>（同城金服） |

续表

| 时间 | 在线旅行社 | 分期付款业务 | 方式 | 合作机构/资金来源 | 金融业务 |
|---|---|---|---|---|---|
| 2015 年 8 月 | 驴妈妈 | 小驴分期 | 信用卡分期<br>赊销 | 北京银行<br>北银消费金融<br>北京农商银行等 | 消费金融<br>理财<br>外币兑换<br>（小驴金融） |
| 2015 年 10 月 | 途牛网 | 首付出发、出境保 | | | 消费金融<br>理财<br>预付卡<br>保险<br>供应链金融 |
| 2015 年 | 艺龙网 | — | 旅游信用卡 | 兴业银行、<br>中信银行等 | 预付卡等 |

资料来源：零壹财经·零壹智库。

就目前的市场情况看，银行等金融机构具备资金优势、OTA 网站占据了流量入口，双方在消费分期的合作中可以共享用户，达到共赢，是市场的重量级参与者。

**（2）发展机会与挑战**

扩大国内消费成为当前发展经济的重点，而旅游消费因其终端消费性非常显著而成了拉动内需的首选。在这种背景下，国家通过政策来引导发展旅游金融，进一步刺激旅游消费。

**表 2-17　近年来国家关于促进旅游行业发展的政策汇总**

| 时间 | 文件 | 内容及意义 |
|---|---|---|
| 2009 年 12 月 | 《国务院关于加快发展旅游业的意见》 | 首次明确旅游业“国民经济的战略性支柱产业和人民群众更加满意的现代服务业”的定位，提出近几年旅游业发展的主要任务：深化旅游业改革开放、优化旅游消费环境、加快旅游基础设施建设、推动旅游产品多样化发展、培育新的旅游消费热点等，并指出政府要加大投入以及金融支持，大力支持旅游业的发展 |

续表

| 时间 | 文件 | 内容及意义 |
|---|---|---|
| 2010年7月 | 国务院办公厅印发《贯彻落实国务院关于加快发展旅游业意见重点工作分工方案的通知》（国办函〔2010〕121号） | 通知提到，要鼓励消费金融公司在试点过程中积极提供旅游消费信贷服务；积极推进金融机构和旅游企业开展合作，探索开发适合旅游消费需要的金融产品，增强银行卡的旅游服务功能 |
| 2012年7月 | 中国人民银行、国家发改委、国家旅游局、银监会、证监会、保监会、外汇局7部委联合印发《关于金融支持旅游业加快发展的若干意见》 | 文件指出，要充分认识金融支持旅游业加快发展的重要意义，加强和改进旅游业金融服务，加强旅游景区金融基础设施建设等；要合理调配金融资源，创新金融工具和产品，支持旅游企业发展多元化融资渠道和方式，支持旅游资源丰富、管理体制清晰、符合国家旅游发展战略和发行上市条件的旅游企业上市融资，鼓励社会资本支持和参与旅游业发展，全力推动旅游产业投资发展 |
| 2012年7月 | 《关于鼓励和引导民间资本投资旅游业的实施意见》 | 《意见》指出，要坚持旅游业向民间资本全方位开放，通过民间资本推进旅游产业投资。鼓励民间资本投资旅游业，如合理开发旅游资源，经营、管理旅游景区，开发旅游产品、经营旅游车船业等，切实将民间资本作为旅游发展的重要力量 |
| 2014年 | 《关于促进旅游业改革发展的若干意见》 | 《意见》提出，要增强旅游发展动力，扩张旅游发展空间。在政府扶持旅游消费方面，部署了四大方面的重要举措：切实落实职工带薪休假制度；加强旅游基础设施建设；加大财政金融支持；扩大旅游购物消费 |
| 2015年7月 | 《关于进一步促进旅游投资和消费的若干意见》 | 针对增强旅游投资和消费，《意见》提出了6个方面、26条具体政策措施：实施旅游基础设施提升计划，改善旅游消费环境；实施旅游投资促进计划，新辟旅游消费市场；实施旅游消费促进计划，培育新的消费热点；实施乡村旅游提升计划，开拓旅游消费空间；优化休假安排，激发旅游消费需求；加大改革创新力度，促进旅游投资消费持续增长 |
| 2015年 | 国家旅游局“515战略” | 提出“发行中国旅游卡”“多措并举创新旅游投融资平台”等具体旅游金融相关举措 |

资料来源：公开资料，零壹财经·零壹智库。

旅游金融政策的持续跟进体现了国家和政府对旅游业发展和旅游消费的重视，其中刺激旅游消费是旅游金融政策导向的重点。

旅游市场中，出境游成为近年来的一个热点，国家旅游局的一组数据显示，2017年上半年，国内旅游人数25.37亿人次，比上年同期增长13.5%；出境旅游平稳增长，2017年上半年，中国公民出境旅游人数6203万人次，比上年同期增长5.1%。

出境游体现了国民消费模式及观念的升级，但整体而言，出国旅游费用偏高，给金融服务留下了市场空间。

出境游的一个关键环节是旅行社为用户办理签证，用户出境游的一般流程是，用户在OTA网站预订旅行路线并付款，旅行社向用户发送一个签证文件包，用户填写完成后发回给旅行社，旅行社登记后组团到各国签证中心办理签证。

签证办理中有时会需要用户的财产状况证明，如用户的工资证明、银行卡流水或者存款证明等，为了提高用户签证通过的概率，用户最好能提供存款证明，但对于一些“80后”“90后”用户来讲，提供存款证明较为困难，这时就产生了存款证明的资金垫付需求，而且如果签证通过，用户还可能有分期支付旅游费用的需求，因此消费金融服务商有切入这一市场的动机。

目前市场上已经有消费金融服务商与OTA平台合作，基于用户签证需求推出金融服务。对于消费金融服务商和旅游平台来讲，因为可以通过签证及旅游费用确认用户的真实消费意图，因此风险较为可控。同时，由于金融服务一定程度降低了用户的门槛，对于服务商来说还可以获取更多的用户。这一业务需要线上线下操作，需要较强的产品设计及运营能力，这是比较大的挑战。

#### 2.2.2.7 租房分期

现有租赁房屋的资金支付模式一般是押一付三或者押一付六等，加之不断攀升的租金价格使得租户面临越来越大的资金压力，这种压力促使租户丌始寻求房租分期支付的方式，以期缓解压力，这种需求的用户群体主要是刚毕业不久的大学生群体和年轻白领群体。

（1）房屋租赁市场现状

我国租房行业的房东分为个人房东、个人二房东和公寓运营商。从市场份额上看，个人房东占据了绝大部分，通常会委托中介机构管理，包括招租、看房、合同签约等，目前模式成熟，大型的房屋中介去链家、我爱我家等。

在房屋出租发展过程中出现了二房东，通常也是个人，二房东对房屋进行装修改造再出租出去，赚取租金差价，个人二房东目前也占据一定的市场份额。

由于个人二房东的商业模式难以批量复制，后出现了公寓运营商，即以公司的形式运营公寓，主要包括酒店公寓和长租公寓，其中长租公寓更像个人二房东的模式，这种模式由于业务流程标准化，可以进行批量复制。同时，一些中介也开始做二房东的生意。

（2）租房分期市场现状与模式

从租房分期的市场发展来看，租房分期平台原本试图覆盖上述各种类型的房东，但逐渐暴露出一些问题，如个人房东和租户联合欺诈消费金融服务商。因此，在逐步发展过程中，租房分期平台选择与长租公寓和中介二房东合作发展，一方面，可以借助公寓运营商和中介低成本地获客；另一方面，规避了上述房东与租户的联合欺诈风险。

表 2-18 租房分期典型平台

| | 自如网 | 房司令 | 平安好房 |
|---|---|---|---|
| 简介 | 链家旗下，成立于 2011 年 10 月，主要通过线上与线下相结合的方式向租户提供合租、整租、公寓、民宿等各种标准化的租房服务，租户在享受标准化租房产品服务的同时，可以选择分期支付方式 | 成立于 2015 年 1 月，主要面向房产中介和租户，提供租房分期付款服务。已获得多轮融资 | 2016 年 5 月，平安好房租房频道安安租在北京、上海、深圳、广州四大城市上线；租吧借提供分期付房租、垫付租金等服务；定位为 C2C 一站式租房解决方案 |
| 分期产品 | 自如分期（适用于租住一年且分期期限为 12 期的自如友家租户） | 房司令——主要面向租住我爱我家旗下自营托管房品牌“相寓”的租户<br>房帅帅——主要面向通过我爱我家平台发布的房屋资源租房并成功签约的租户 | 租吧借——为 C 端用户提供代付租金服务 |

续表

| | 自如网 | 房司令 | 平安好房 |
|---|---|---|---|
| 消费场景 | 自如自营托管房屋（不含自如公寓） | 与我爱我家合作，服务通过我爱我家中介平台寻求房源的租户，以我爱我家旗下“相寓”品牌的托管房屋为主等 | 个人房东与租户之间的租房交易场景 |
| 获客方式 | 用户在自如网租赁房屋时由线下自如管家向用户推荐分期业务 | 主要转化通过我爱我家房屋中介平台寻求租房的用户 | 直接面向 C 端用户，通过互联网或线下地推获客 |
| 风控手段 | 自如信用分，用户在线上申请与审核，自如系统根据用户租房时填写的相关资料（身份证、学历信息、工作信息、人脸识别）进行打分，一定分数以上可通过申请分期，同时参考芝麻信用分数进行授信审核 | 用户线上申请，线下向客户经理提交身份证、银行卡资料、芝麻信用分等信息进行审核，审核通过后房司令向我爱我家垫付合同期限内房租；<br>若用户违约退租，我爱我家兜底退还租户租赁期内尚未支付的金额给房司令，同时用户押金由房司令没收，不予退还 | 用户线上申请，并提交材料，安安租在线完成身份审核 |
| 资金来源 | P2P 平台等，此前与京东金融合作 | 玖富集团、点融网、聚宝汇、百度金融、北银消费金融、东方资产、众安保险等 | 自有资金等 |
| 业务特点 | 提供房屋租赁+租金分期服务，用户可体验一站式租房+消费服务，流程简单快捷，用户体验较好 | 分期期限灵活，用户可依据房屋租赁合同租住期限选择 3/6/12 期分期服务；费用包括服务费、利息等，如果用户违约，需交付违约费用 | 针对虚假房源、房屋质量图文不符痛点，安安租建立房源实勘团队，通过线上线下审核，试图保证房源的真实性；<br>初期阶段双向补贴房东及租户 |
| 盈利模式 | 主要通过收取服务费、逾期费、分期服务费等方式盈利（自如租户不缴纳中介费用，但每年每位租户需缴纳一定的综合服务费） | 主要通过收取服务费、违约金（即押金）、逾期费等获利 | 主要通过收取服务费等获利 |

注：统计时间截至 2017 年 4 月 30 日，或有变化。
资料来源：零壹财经·零壹智库。

自如与房司令的模式都是与类似公寓运营商和中介合作，较为成熟，平安好房的模式是覆盖个人直接房东的模式，是否会如此前的分析遭遇市场淘汰，还有待观察。

**（3）发展面临的挑战与机遇**

租房分期发展历史较短，行业欺诈、用户违约频发，行业的风控体系有待验证与完善，各平台风控体系尚没有很好地对用户、房源、房东、中介等参与者进行有效风险识别。

行业处于前期培育阶段，营收暂难以覆盖投入及成本，但整体而言，房屋租赁市场有待爆发。

在一二线城市外来人口大量流入，房屋成交总价高升的大环境下，租赁会成为房地产市场和宏观经济的重要组成部分，而且政策已经重视房屋租赁市场，一些银行已经入场，未来行业可能会取得快速发展。

2017 年消费金融行业的热点是“现金贷”，消费分期的关注度较低，部分平台由于欺诈风险、信用风险爆发、运营能力要求高等因素不得不撤出市场。整体来看，各个消费分期市场尚未形成一定的市场格局。但用户消费需求仍存，随着前期市场培育、政策鼓励等因素推动，各个消费分期市场还将继续发展。

# 2.3 行业案例分析

## 2.3.1 零售巨头国美涉足消费金融，探索消费租赁业务

### 2.3.1.1 布局概况

国美金融是国美控股旗下从事金融发展与投资业务的战略管控平台。围绕国美的零售生态圈，国美金融现阶段已经构建了支付金融、数据云、资产交易、创新金融和创投金融五大平台，产品则包括消费金融、供应链金融、理财、保险、基金及跨界合作六大体系。

就国美集团的战略布局而言，国美金融是其“6+1”战略的重要一环，主要基于场景和科技手段，为 B 端用户与 C 端用户提供综合金融服务。目标则是在 3~5 年内成长为国内具有一定影响力的综合性金融控股集团。

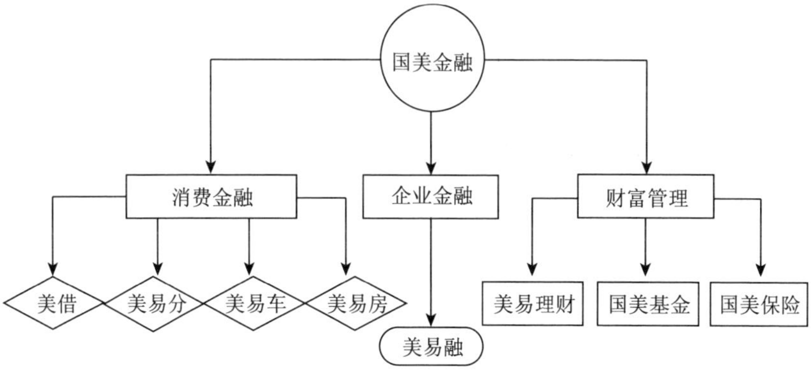


**图 2-5　国美金融业务板块**

资料来源：零壹财经·零壹智库。

表 2-19　国美金融业务布局情况

| 时间 | 事件 | 对应细分金融业务（情况） |
|---|---|---|
| 2014 年 9 月 25 日 | 国美金控投资有限公司成立 | — |
| 2015 年 5 月 21 日 | 国美小额贷款有限公司成立 | 为消费金融业务提供资金 |
| 2015 年 6 月 1 日 | 国美金融供应链金融业务正式上线 | 供应链金融 |
| 2015 年 8 月 13 日 | 供应链金融保理产品——账云贷正式上线 | 供应链金融 |
| 2015 年 11 月 26 日 | 国美金融消费金融产品——美易分试运行并完成首笔业务 | 消费金融 |
| 2015 年 12 月 3 日 | 天津国美互联网资产交易中心有限公司成立 | 互联网理财等 |
| 2015 年 12 月 31 日 | 账云贷交易额突破 1 亿元 | 供应链金融 |
| 2016 年 1 月 1 日 | 资产交易平台美易理财平台正式上线 | 互联网理财 |
| 2016 年 1 月 15 日 | 美易分登陆国美旗下 1800 多家门店 | 消费金融 |
| 2016 年 3 月 1 日 | 供应链金融企业信用贷款产品——信云贷正式上线 | 供应链金融 |
| 2016 年 6 月 6 日 | 天津国美电子商务有限公司证券投资基金销售业务资格获得天津证监局批复 | 互联网理财（基金代销） |
| 2016 年 10 月 12 日 | 美易理财注册用户破 60 万元 | 互联网理财 |
| 2016 年 12 月中旬 | 国美保险经纪有限公司获得保监会批复 | 互联网理财（保险经纪） |
| 2017 年 6 月 30 日 | 国美金融智能投顾上线 | 互联网理财 |

资料来源：国美金融官网，零壹财经·零壹智库。

依托于客户资源与金融需求，国美金融业务的发展是多条腿走路，此处我们主要分析国美金融的消费金融业务。

#### 2.3.1.2　国美消费金融发展依托场景与科技

在国美金融内部，有一个近乎达成共识的观点，即场景化是发展消费金融的一个重要选择。

他们认为，相较于抽象、复杂的金融工具，想要诉诸市场最好的方式，就是找到有实际需求的应用场景，并且采取快捷、便利、通俗的使用方法，使其迅速融入大众消费者的日常生活。

国美金融总裁陈伟曾向内部员工提出，“哪怕仅仅是改变价签，我们也是改变世界”，来表达国美金融对消费金融独有的情怀。

现阶段，国美金融的消费金融业务已经布局多条产品线，包括消费分期产品美易分、房屋抵押贷款产品美易房以及汽车抵押贷款产品美易车等。其中美易分是一款面向国美零售线下门店以及全国万余家合作门店客户的分期付款产品，包括家电套购分期、老用户交叉现金类贷款等。一组数据显示，美易分第一财年的交易总额为3.28亿元，共在218个城市覆盖了1395家门店。整体来看，国美消费金融业务第一财年的成交总额超过50亿元。据2017年国美金融年报数据显示，消费金融与供应链金融交易额同比增长分别为403%和122%。

**表2-20　国美金融消费金融产品情况**

| 产品 | 简介 | 申请流程 |
|---|---|---|
| 美易分 | 为国美电器线下门店顾客提供分期购物服务 | 搜索门店—进店选购商品—下载APP填写信息—美易分员工提交申请—付款提货 |
| 美易房 | 一线城市房产抵押贷款 | 申请：提交借款人及配偶（如有）姓名、身份证号、房产证照片<br>初审：2小时内反馈最大可贷款金额<br>下户：提备齐所需材料等待上门办理<br>终审：资料齐全，下户当天出审批结果<br>面签/公证：一站式签订合同并办理公<br>抵押：专员办理<br>放款：见抵押受理单即可放款 |
| 美易车 | 汽车抵押贷款等金融服务 | 经销商推送客户基本信息<br>客户到店申请，提供相关申请材料<br>车评估至经销商，现场评估车辆价值<br>审批确定抵押成数、贷款额度<br>签署相关抵押贷款合同；完成二手车抵押、保险受益人变更<br>放款存档，业务完成 |

资料来源：国美金融官网，零壹财经·零壹智库。

### （1）依托客户基础蓄势待发

依托于市场主体不同的资源禀赋，消费金融的发展会走出差异化的路径。例如，捷信的发展依靠的是前期多年在线下铺设的渠道，这并非易事，也曾经因为模式太重而被市场质疑与诟病。但这并没有影响其业务的有效性，实践证明，捷信已位列消费金融公司第一梯队，不管是业务体量还是利润收益等都名列前茅。

对于国美而言，开展消费金融业务的一大优势是 30 多年零售业务发展带来的线上与线下门店的渠道优势。数据显示，国美有 1 万多家供应商、1.8 亿名会员，其中活跃的占比超过 50%，线下还有 1600 多家门店，这决定了国美开展消费金融业务具备庞大的客户基础，也显示了国美开展消费金融业务的潜力。

“我们的想法是渗透，基于新零售场景及互联网、移动互联的概念，逐步完成每年金融产品服务的渗透率目标。”陈伟指出。此外，通过为用户提供提前消费分期服务的方式，国美金融也极大地刺激了用户的购买力，从而更有助于推进产融结合，反哺国美新零售战略。

2017 年 8 月，国美零售宣布推出国美租租手机租赁业务，消费者可以在国美全国 1600 多家门店租用高端手机，产品范围涉及苹果、华为、三星、魅族等。当时媒体报道称，以苹果旗下的 iPhone7、iPhone 7 Plus 为例，消费者可以每月分别支付 330 元和 430 元人民币，获得相应产品的一年使用权，直到租赁期满归还即可；租约期满后，消费者可以补足差额买回手机，也可以选择换新手机继续租用。

就这一消费金融业务，国美相关负责人表示，这是整个零售行业首次尝试手机租赁业务，也是国美新零售战略下满足消费需求的一项重要业务试点。未来，随着手机租赁业务的成熟，国美将在更多品类中推广租赁模式，实现轻消费模式。

融资租赁方式是消费金融领域的一种新方式，新车租赁是主要的业务场景，2017 年以来，多有创业公司创新尝试手机等消费品的租赁业务。显然，国美零售、国美消费金融正在观察市场并发展业务。

**（2）探索构建基于场景的风控体系**

2017 年 9 月，国美金融高级副总裁丁东华在一次金融科技峰会上表示，开展消费金融业务有三点比较重要，即能不能衡量消费者身份的真实性、有没有足够的还款能力、有没有良好的还款意愿。

消费者真实身份的识别、信用情况的判断既离不开真实的交易场景，也离不开利用数据等对消费者进行精准画像与判断。

关于风险控制系统，国美消费金融首席风控官曹强曾表示要构建有多道防线的风控体系，即第一道防线是线下销售团队人员，鉴于销售人员与客户是面对面关系，在实际交流过程中，要充分发挥已积累的操作经验，如发现欺诈类客户的相关风险信息，应及时制止；第二道防线是中后台大数据平台分析能力，依托国美线上、线下存量用户的客户资质、消费需求、交易行为、资金流向等信息，基于人工智能、海量数据分析技术等判断用户贷款用途的真实性、用户资质水平、预测用户还款能力等，以降低风险；第三道防线是内外联动，搭建全后台监控体系，一旦后台监控到前台申请用户信息出现异常情况，就要响应预警系统，并及时与内部安全机构部门联动，配合还原事情真相等，以实现线上线下风控体系的全方位配合。

现阶段，国美金融正在实践大数据驱动的运营营销体系“罗盘（TMH）”和风控体系“水滴（NCM）”，目标是全方位监控所有业务环节，做到精细化运营、数字化营销和结合应用场景进行风控。

复盘这两年我国消费金融业务的发展，核心能力要求有三个方面，即客户获取能力、风险控制能力与低成本资金获取能力。整体来看，依托国美零售，国美消费金融业务具备客户获取潜力与集团提供的资金支持，还需要更长周期去实践验证的是风险控制能力。未来，消费金融的竞争将是参与主体综合实力的竞争。

**（3）小结**

时至今日，国内消费金融行业行至新阶段，呈现出一种发展特征，即零售类企业开始大举进入市场，并扮演着重要角色，这是一种进步。消费金融的发展需要具备一些因素，从消费金融发展的动力来看，只有在市场主体提供消费金融业务的内生动力足够充足、外在条件足够允许的情况下，这种服务才会散发出持久的活力。

零售企业，尤其是快速更新发展的零售企业天生具备这种发展消费金融业务的动力与条件，动力包括依靠金融业务扩大零售商品销量、培养客户黏性、获得更多利润收益等，条件分为内外部条件，零售业务自身具备的条件是海量的用户及数据，外部条件则是个人征信体系的建设与完善。因此，从这种深层次的力量上看，消费场景将会继续发挥重要作用，零售企业将是整个消费金融行业重要的市场参与者。

## 2.3.2 民生易贷的消费金融实践——差异化挖掘消费场景

### 2.3.2.1 发展概况

民生易贷是民生电商［运营主体为民生电商控股（深圳）有限公司］旗下的金融科技公司。2014 年 7 月 15 日，民生易贷正式上线运营。

依托于民生电商的股东背景及其资源禀赋，民生易贷定位为银行业务的互补机构，并立足银行级风控体系，致力于从业务协作中服务中小型企业，拓展具备场景的个人信贷撮合服务。

2016 年，起步于企业融资撮合服务的民生易贷确定了战略转型升级规划，并在前期试水内测的基础上，发力面向个人用户的消费金融服务，路径是围绕用户的“衣食住行学医购”提供金融服务。

2017 年 8 月，民生易贷获得来自复朴投资、远洋集团旗下投资基金等机构的 A 轮 4 亿元融资。关于这轮融资，民生易贷 CEO 陶静远彼时这样解释，“A 轮融资的完成，表明民生易贷 3 年来坚持的严谨风控、健康成长的理念得到了专业投资机构的认可。”关于这轮融资的规划，陶静远称，将延续以风控为核心的发展理念，着力于消费金融的拓展、技术安全的投入。

民生易贷具备较强的线上资金获取能力，依托于民生电商的股东背景，积累了一批高黏性的投资用户。这批用户带来的一定规模与持续性的投资理财资金，成为民生易贷开展融资撮合业务的基础。

截至 2017 年 5 月，民生易贷平台上的累计交易规模超过 300 亿元，已实现兑付的资产规模超过 200 亿元。由于借款项目期限多为 1 年以内，即平台撮合的借贷资产质量、兑付情况已经经过多轮检验。

集中精力发展 3 年多后，民生易贷平台聚集的这批高质量投资客户，具备一些典型特征：复投率高，年投资 3 次以上；单次投资金额高，额度达到 10 万元。

目前，民生易贷已经搭建了以普惠大众、普惠价格、普惠体验为主要特色的普惠金融产品和服务体系。在扩大普惠金融服务覆盖面的基础上，以金融科技降低用户的资金成本，满足消费需求；同时，积极发挥自身优势和履行企业社会价值，启动“消费助推器”计划，在资金和业务等多方面助推中小企业快速成长，实现金融创新反哺实体经济。

资金稳定、规模较大、成本较低，使得民生易贷具备输出资金的能力，同时也内生出对接更多优质资产的需求。这衍生出了民生易贷拓展各类消费场景的方式及合作模式。

### 2.3.2.2 两大战略精准获客

民生易贷在获客层面集中体现在两个战略上。

一是自建消费场景；二是推出助推器计划，赋能中小型消费信贷资产生产方。

自建场景是指民生易贷自主开发线上渠道并获客，首批开展运营的产品是车险分期。民生易贷与保险公司等对接系统，车主缴纳保险费用时可以申请分期付款。

除去车险分期产品，民生易贷还开发了面向特定客群的消费专用借款产品钱袋，前期主要目标用户群体为大公司员工，包括民生电商的兄弟公司、股东单位以及早先开展企业融资服务所积累的优质企业的员工。

在场景拓展及市场选择方面，民生易贷的逻辑是围绕用户的“衣食住行学医购”，挖掘用户的细分需求，与市场已有产品进行差异化竞争。总之，体现的是把金融服务嵌入日常生活细分消费场景的业务逻辑。

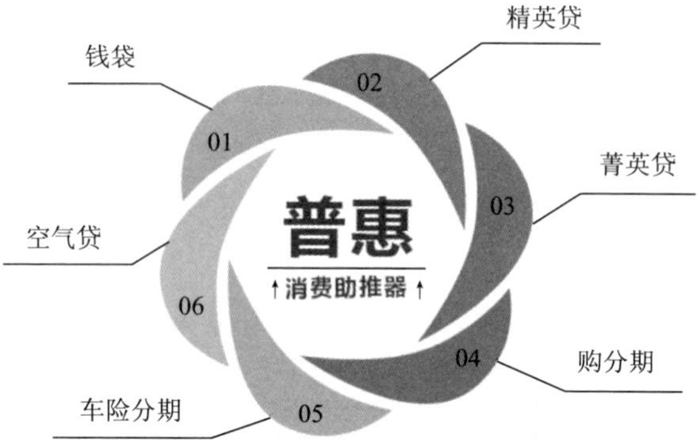


图 2-6　民生易贷消费金融产品

助推器计划实则是民生易贷消费金融业务拓展资产端的一种模式，主要指的是民生易贷选取垂直细分领域的中小型、处于稳定发展阶段（如获得过 A/B 轮融资）、具备一定消费场景及市场规模的平台合作，双方在资产与资金两端达到互补与共赢，即合作机构开发资产，民生易贷提供资金撮合，输出金融产品设计、风控系统等，进行分工协作。

上面这一计划无缝衔接了企业与消费者双方的金融需求，可以快速推进产品的交易和消费的形成，最终促进消费交易增长，服务于实体经济。这一计划的目标是 3 年协助 100 家企业完成 50 亿元交易。就实践结果看，计划实行半年多以来，促成的消费金额近 20 亿元。

教育分期是助推器计划先期合作较为深入的一个消费场景，已经推出了面向年轻人再教育市场的精英贷、菁英贷等产品，以服务在职人群的教育消费需求。与校园贷最大的区别在于，民生易贷的教育金融产品借款端客户是在职人群，他们有稳定的收入和明确的还款来源。另外，民生易贷的教育金融产品通过流程设置，确保资金用于教育消费本身，而不是生活消费等其他需求。

精英贷和菁英贷实则是把教育金融场景进行细化、对目标用户群体进行分层。根据不同用户的不同教育培训需求、差异化设计产品，并把金融服务切入具体场景，此举既有利于和机构个性化对接，也利于风险控制。

民生易贷的策略是进一步培育孵化具备较高成长性的合作平台，为他们提供金融产品设计、运营等能力及所需资金；时机成熟，也会考虑以参股等形式更加深入地合作。如此，民生易贷一方面可获得稳定、成规模的资产，另一方面可享有参股平台的成长收益。

#### 2.3.2.3 小结——行业分化、竞合态势显现

民生易贷战略转型升级进入消费金融行业及选择的具体发展模式，体现了互联网金融行业发展中呈现的一些走势与典型现象。

第一，在外部环境影响，尤其是监管环境驱动下，网络借贷平台的资产类型选择趋向于小额分散；针对个人用户的消费信贷类资产成为市场热点选择；先期进入市场、运营优秀、具备流量优势的平台向前端资产开发延伸布局，以多样化方式寻求资产合作方，强势平台有建立产业投资基金投资入股、参股等合作方式，甚至出海拓展业务。

第二，消费金融市场早期阶段涌入大量深耕垂直细分场景的服务商，团队对单一细分行业研究深入、具备科学属性、创新灵活性强。这类初创型公司在具备自身优势的同时，也存在一些普遍性短板——集中体现在金融产品设计、风控系统投入及资金规模上。这种特征，使得行业协作模式、技术输出模式现实存在；纵观行业，分工协作、产业链式运作特征初步显现。

第三，产业链中资产生产方与资金提供方的对接成为行业新课题。各平台之间的合作成为一种趋势，在市场运作环境中，具备资金能力与具备资产能力的两方合作加强，甚至出现融合趋势。

第四，数据产业、科学技术、人才等基础设施不断成熟及完善，数据及技术对金融业务的驱动作用进一步凸显，由此资本对科技的投入更具方向性，风险系数相对变小。

第五，行业头部企业在业务布局完善，盈利能力进一步提升的当下，更加重视社会责任。民生易贷的消费金融产品，不仅在促成消费的达成，也在以自身的金融服务能力推动提升行业效率和用户体验，并赋能实体经济，践行责任金融，履行社会责任。

民生易贷凭借股东背景、先发优势进行战略转型升级，方向集中体现在以数据、技术驱动为理念、延伸服务链条、参股入股等方面。可以预见的是，这将是具备一定实力平台的共同选择。

# 第 3 章

# 消费金融与资本市场

过去的几年，我国消费金融行业的发展离不开资本的加持，行业及相关领域多获得资本市场投资，并得以迅速发展，有的甚至登陆资本市场。消费金融行业的发展可以说已经取得了一个阶段性的成果。

## 3.1 2017 年消费金融投融资概览

据零壹数据不完全统计，2017 年消费金融领域共发生 60 笔投融资事件（包括 IPO 融资），其中披露具体金额的有 55 笔，占全年金融科技领域投融资总数的 17.14%，总计金额[①]为 220.48 亿元，占全年金融科技领域投融资总额的 23.98%。

相比 2016 年的 35 笔融资（剔除蚂蚁金服、京东金融、微众银行等集团性融资外），2017 年在数量上同比增长 71.43%；在融资金额方面，相较于 2016 年的 225.41 亿元（按照具体公布融资金额的数据计算），2017 年在融资总金额方面略有降低，但相差不大；如果仅对比这两组数据，2017 年消费金融的新进入者在增加，各机构的平均融资金额较低。

### 3.1.1 2017 年消费金融领域投融资时间分布

按照融资消息的公布时间分析，从各月份的融资公布情况来看，2017 年 4 月融资笔数最高，并且由于 3 家公司的具体融资金额并不明确，导致 4 月呈现的融资金额较低。

① 为了便于统计，此处将外币以各笔融资公开当月最后一个交易日外汇交易开盘时的汇率（来自新浪财经）换算成人民币予以计算，可能略有误差；下同。

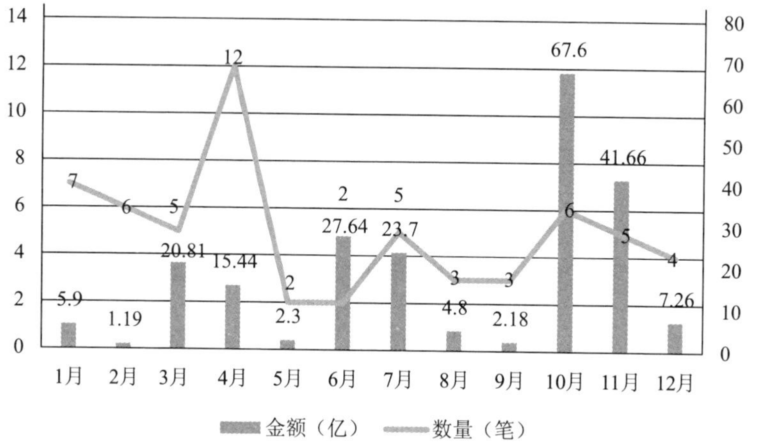


**图 3-1　2017 年消费金融领域融资金额和融资笔数月份分布情况**

资料来源：零壹数据。

融资金额方面，2017 年 10 月、11 月要远远高于其他月份，其中 10 月融资金额最大，为 67.6 亿元，占全年融资金额的 30.66%。原因在于趣店集团于 2017 年 10 月 18 日晚在纽交所上市，以每股 24 美元发售 3750 万股 ADS（美国存托凭证）。如果不考虑趣店 IPO 事件，10 月融资笔数为 5 笔，融资金额为 7.72 亿元；11 月同样受到涉及消费金融业务公司，包括拍拍贷、和信贷与融 360 旗下简普科技的 IPO 融资事件，从而拉升了当月的融资笔数与融资金额，如果不考虑几笔 IPO 融资，11 月的融资笔数为 2 笔，融资金额为 6.64 亿元。

### 3.1.2　2017 年消费金融领域投融资地域分布

2017 年，消费金融领域的投融资事件主要发生在一二线城市，在北上广集中度较高。全年有 41 笔投融资事件发生在北上广，占总融资笔数的 68.33%。另外，杭州值得关注，尽管融资金额不大，但全年融资数量占据全国第三位，一定程度上显示了互联网/金融的活力。

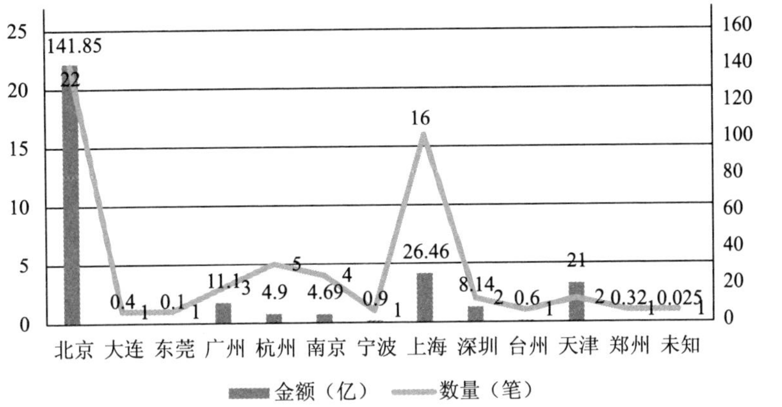


**图 3-2　2017 年消费金融领域融资金额和融资笔数分布情况**

资料来源：零壹数据。

### 3.1.3　2017 年消费金融领域投融资成熟度分布

按融资笔数统计，2017 年全年的投融资事件中，在 C 轮以前的有 32 笔，占全部融资事件的 53.33%，相应的融资金额为 60.88 亿元，占总金额的 27.61%。

其中，种子轮（或天使轮）有 8 笔，融资金额为 1.45 亿元；Pre-A 有 11 笔，融资金额为 2.35 亿元；A 轮及 A+轮有 10 笔，融资金额为 6.04 亿元；B 轮及 B+轮有 11 笔，融资金额为 52.49 元；另外，C 轮有 8 笔，融资金额为 23.30 亿元。

需要关注的是，2017 年全年，消费金融领域的 IPO 融资事件爆发式出现，共 6 起，融资企业均在美国资本市场公开招股融资，总融资金额约 106.17 亿元，占据了 2017 年全部融资金额的 48.15%。

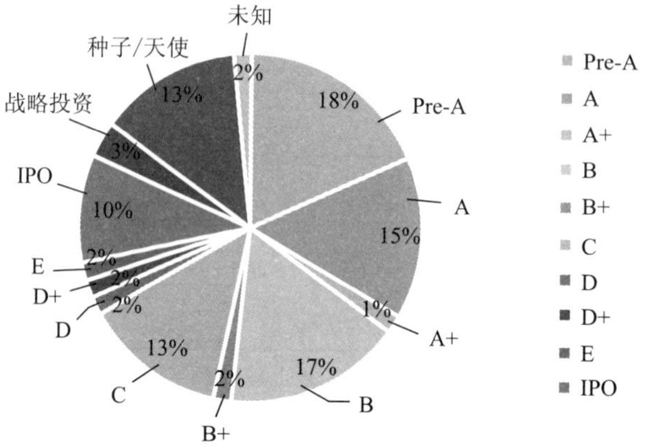


**图 3-3　2017 年消费金融领域融资轮次按融资笔数统计情况**

资料来源：零壹数据。

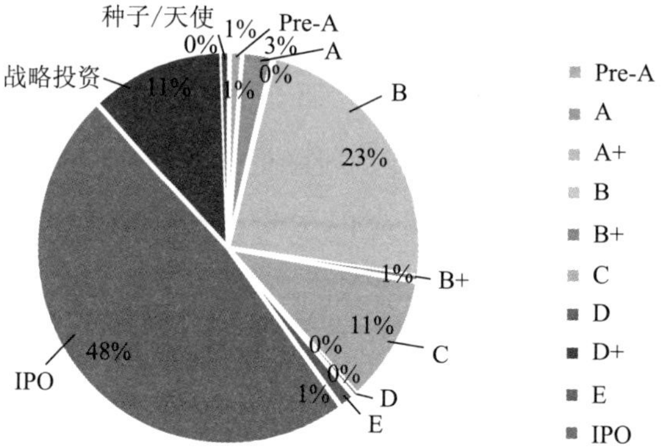


**图 3-4　2017 年年消费金融领域融资轮次按融资金额统计情况**

资料来源：零壹数据。

### 3.1.4　2017 年消费金融领域投融资 Top20 榜单

基于零壹数据，根据公开信息不完全统计，2017 年消费金融领域融资规模前 20 名的融资机构及简要情况如下。

**表 3-1　2017 年消费金融领域投融资 Top20 榜单**

| 融资企业 | 业务领域 | 融资公布时间 | 融资轮次 | 领投机构 | 主要投资人 |
|---|---|---|---|---|---|
| 瓜子二手车 | 消费金融，汽车金融 | 2017 年 6 月 15 日 | B | — | HCAPITAL，招银电信新趋势股权投资基金，首钢基金旗下京西创投，Dragoneer Investment Group，红杉资本，经纬创投，蓝驰创投，山行资本 |
| 捷信中国 | 消费金融 | 2017 年 7 月 19 日 | 战略投资 | 太盟投资集团（PAG） | 太盟投资集团（PAG） |
| 小赢理财 | 网贷，消费金融 | 2017 年 3 月 2 日 | B | — | 苏州金螳螂企业（集团），金科娱乐旗下产业基金，上海城市地产控股有限公司，柏年康成健康管理集团旗下的投资企业等 |
| 玖富 9FBank | 网贷，理财，消费金融，供应链金融，大数据，综合金融 | 2017 年 10 月 12 日 | B | 未透露 | 未透露 |
| | 理财，消费金融，供应链金融，大数据，综合金融 | 2017 年 11 月 15 日 | C | — | 信达资本，江南春，游族网络董事长林奇 |
| Wecash 闪银 | 消费金融，征信，大数据 | 2017 年 4 月 5 日 | C | 招商局创投，光远资本和 SIG | 东方弘道，领沨资本 |
| 买单侠 | 网贷，消费金融 | 2017 年 3 月 28 日 | 战略投资 | — | 京东，弘毅投资 |

续表

| 融资企业 | 业务领域 | 融资公布时间 | 融资轮次 | 领投机构 | 主要投资人 |
|---|---|---|---|---|---|
| 用钱宝 | 助贷，消费金融 | 2017年3月28日 | C | 金砖资本，中金甲子 | 国科嘉和，源码资本，创新工场，光信资本 |
| 房司令 | 消费金融 | 2017年8月25日 | E | 明道金控 | 明道金控，玖富集团，玖创资本，唯猎资本，赢知资本等 |
| 会分期 | 消费金融 | 2017年1月10日 | C | — | 联络互动 |
| 爱财集团 | 消费金融 | 2017年4月28日 | C | 中顺易 | 神州泰岳，星辉互动 |
| 中安金控 | 消费金融，汽车金融 | 2017年5月15日 | A | 海通开元 | 华信资本，盈都汇，弘信资本，信雅达 |
| 浅橙科技 | 网贷，消费金融 | 2017年7月26日 | B | — | 天图资本，51信用卡 |
| 合盘理财 | 网贷，消费金融 | 2017年9月12日 | B | 众鼎集团 | 众鼎集团 |
| 农分期 | 消费金融，农村金融 | 2017年1月4日 | B | BAI（贝塔斯曼亚洲投资基金） | BAI（贝塔斯曼亚洲投资基金） |
| 什马金融 | 消费金融，农村金融 | 2017年1月16日 | B+ | 信中利资本 | 顺为资本，峰瑞资本，华创资本 |
| 省呗 | 消费金融，征信，大数据 | 2017年1月18日 | B | 中信资本 | 中信资本，涌铧资本 |
| 米么金服 | 消费金融 | 2017年3月31日 | C | 海尔资本，曦域资本，熊猫资本 | 顺为资本，光控众盈资本，TalkingData旗下大数据行业成长基金 |
| 明特量化 | 消费金融，大数据 | 2017年4月5日 | B | 高德地图创始人 | 红点创投 |
| 即有分期 | 消费金融 | 2017年7月5日 | C | — | 未透露 |

资料来源：零壹数据。

## 3.2 消费金融科技公司上市迎来小高潮

在经过大约 10 年时间的发展后，我国的 P2P 网络借贷领域才获得一个阶段性成果，即宜人贷于 2015 年 12 月在美国成功上市。

爆发总是在一瞬间，2017 年，上市的金融科技公司（P2P 网络借贷等统称为金融科技公司）明显增多。

### 3.2.1 概况

2017 年 4 月 28 日，信而富在纽交所上市，首次公开发行 1000 万股美国存托股票，融资规模 6000 万美元。

2017 年 9 月以来，我国金融科技公司赴美上市掀起了一股小高潮，相继有趣店集团、和信贷、拍拍贷、简普科技、乐信等登陆美国资本市场。

2017 年 10 月 18 日，趣店集团在美国纽交所上市，发行价 24 美元，发行 3750 万股美国存托股票，IPO 融资超过 9 亿美元；

11 月 3 日，和信贷正式在纳斯达克全球市场挂牌交易，宣布以每股 10 美元的价格发行 500 万股美国存托股票，筹资金额 5000 万美元；

11 月 10 日，拍拍贷在纽交所上市，融资金额 2.7 亿美元；

11 月 16 日，简普科技在纽交所上市，融资金额 1.8 亿美元；

12 月 21 日，乐信登陆纳斯达克，融资金额 1.08 亿美元。

**表 3-2　2017 年我国金融科技公司上市简要情况**　　单位：美元

| 公司 | 上市时间 | 资本市场 | 融资规模 | 业务领域 | 最新市值 |
|---|---|---|---|---|---|
| 信而富 | 2017 年 4 月 28 日 | 纽交所 | 0.6 亿 | P2P，消费金融 | 3.36 亿 |

续表

| 公司 | 上市时间 | 资本市场 | 融资规模 | 业务领域 | 最新市值 |
|---|---|---|---|---|---|
| 趣店集团 | 2017 年 10 月 18 日 | 纽交所 | 9 亿 | P2P，网络小贷，信托贷款，消费金融 | 46.31 亿 |
| 和信贷 | 2017 年 11 月 3 日 | 纳斯达克 | 0.5 亿 | P2P，消费金融 | 5.86 亿 |
| 拍拍贷 | 2017 年 11 月 10 日 | 纽交所 | 2.7 亿 | P2P，小额信贷 | 23.12 亿 |
| 简普科技 | 2017 年 11 月 16 日 | 纽交所 | 1.8 亿 | 营销导流，消费金融 | 10.19 亿 |
| 乐信 | 2017 年 12 月 21 日 | 纳斯达克 | 1.08 亿 | P2P，网络小贷，信托贷款，消费金融 | 26.18 亿 |

注：最新市值为美国时间 2018 年 3 月 20 日收盘后的市值。
资料来源：公开资料 零壹财经·零壹智库。

**表 3-3　2017 年我国金融科技上市公司简要财务情况**　　单位：美元

| 公司 | 每股收益 | 每股净资产 | ROE（净资产收益率） | ROA（资产收益率） | 销售毛利率 | 销售净利率 | 资产负债率 | 营业总收入 | 营业利润 | 净利润 |
|---|---|---|---|---|---|---|---|---|---|---|
| 堆至 2017 年 9 月 30 日 | | | | | | | | | | |
| 信而富 | -2.67 | 0.96 | -85.73% | -36.73% | — | -61.99% | 47.95% | 5280 万 | -3292 万 | -3273 万 |
| 和信贷 | 1.1 | 2.48 | 68.05% | 55.92% | — | 60.85% | 14.74% | 7964 万 | 5662 万 | 4844 万 |
| 拍拍贷 | -1.03 | — | 101.50% | 35.27% | — | 53.32% | 65.57% | 29.82 亿 | 14.16 亿 | 15.9 亿 |
| 截至 2017 年 12 月 31 日 | | | | | | | | | | |
| 趣店集团 | 17.12 | 28.91 | 35.91% | 16.34% | — | 45.29% | 50.77% | 47.8 亿 | 29.8 亿 | 21.64 亿 |
| 简普科技 | -0.57 | 3.71 | -25.41% | -19.74% | 90.05% | -13.98% | 19.60% | 14.46 亿 | -1.74 亿 | -2.02 亿 |
| 乐信 | 0.23 | 5.19 | 28.02% | 2.05% | — | 5.86% | 88.45% | 41.03 亿 | 4.00 亿 | 2.4 亿 |
| 宜人贷 | 11.39 | 24.85 | 53.69% | 22.30% | — | 24.24% | 60.50% | 56.58 亿 | 17.92 亿 | 13.72 亿 |

资料来源；wind 数据，零壹财经·零壹智库。

如表 3-3，分析几家上市金融科技公司的简要财报数据，在净利润方面，趣店集团、拍拍贷、宜人贷表现突出，信而富和简普科技尚处于亏损状态。在每股收益方面，趣店集团与宜人贷表现突出，展现了较强的获利能力；信而富、拍拍贷及简普科技尚处于亏损状态。在每股净资产值方面，趣店集团与宜人贷处于前两位，且远远高于其他平台，这从一个侧面表明这两家平台相较其他平台，每股股票代表的财富较为雄厚，创造利润的能力和抵御外来因素影响的能力较强。净资产收益率方面，拍拍贷达到 101.50%，居于高位，表明股东所获报酬水平较高。资产负债率方面，乐信达到 88.45%，居于高位，表明它的负债水平较高，相比其他几家平台，运营风险较高。

## 3.2.2 上市地点选择及动因

**(1) 境内上市条件苛刻，无法满足金融科技公司上市需求**

我国金融科技公司之所以选择赴美上市，主要原因是无法满足境内上市条件，如财务标准，尤其是盈利要求，如主板、中小板上市的要求是最近 3 个会计年度净利润均为正数且累计超过 3000 万元，最近 3 个会计年度经营活动产生的现金流量净额累计超过 5000 万元，或者最近 3 个会计年度营业收入累计超过 3 亿元等；创业板有持续两年盈利的要求，最近两年的净利润累计不少于 1000 万元或者其他要求等。而这些在美国上市的金融科技公司中部分已经多年处于亏损状态，例如，信而富已经连续亏损 3 年，且 2017 年第三季度的财报显示，亏损有进一步扩大的态势；简普科技 2017 年第三季度的财报显示净亏损为 1667 万元人民币。这种业务发展情况在境内基本上无法上市。另外，境内（主要是国内上市）的上市效率方面明显不如海外资本市场，这在一定程度无法满足金融科技公司的需求，因为它们多属于新兴市场、新兴行业，因此面临着更多的市场变化、业务经营变化及监管环境变化。在多种因素推动下，我国的金融科技公司多选择登陆海外资本市场。

**(2) 为达到提升品牌声誉、增信的目的**

对于金融科技公司而言，上市将极大地提升品牌知名度及声誉，这对于处于迅速变化的市场中的公司而言尤为重要；同时，公开招股融资为原有股东提供了退出渠道，也使得上市公司可以利用公开融资继续发展业务，巩固业务规模、提升市场竞争力。另外，上市之后，基于公众公司身份，在信息披露、业务合规方面，公司也会更为成熟，将被倒逼走在行业前列，这也是一种增信措施。在当下整改备案的关键阶段，上市对 P2P 网络借贷平台而言至关重要。

**（3）海外资本市场较为成熟，投资者更为理性**

美国资本市场的投资者不同于国内，以机构投资者为主，理论上，相较于散户他们会更为理性。他们将对中国的上市金融科技公司进行更为专业的判断与分析，这将有利于上市公司的估值与稳定发展等。

当然，在美国上市，上市公司也会面临更大范围、更加成熟的市场监督，因此，上司公司更加需要进行专业的舆情管理、市值管理、预期管理等工作。

另外，可以预见，对于整个金融科技行业来讲，领先一步上市的公司将会在盈利模式、公司运营、资本市场态度等多方面起到前期试水及引领作用，接下来，也会吸引更多的金融科技逐渐踏入资本市场。

# 3.3 上市公司积极布局消费金融

## 3.3.1 概况

过去两年，消费金融成为热点的表现之一是上市公司纷纷布局相关业务，具体呈现方式根据公司主营业务也有所不同，包括参股消费金融公司（与消费金融公司合作）、参与消费金融业务的生态圈等。2017 年，消费金融公司多实现盈利，在不同程度为上市公司带来了收益。

### 3.3.1.1 参股消费金融公司

**表 3-4 上市公司参股消费金融公司情况**

<table>
<tr><th>上市公司</th><th>消费金融（公司）</th><th>所属行业</th><th>业务成绩或其他</th><th>其他金融布局</th></tr>
<tr><td>重庆百货<br>（上交所主板 A 股）</td><td rowspan="2">马上消费金融 30%股权<br>马上消费金融 10%股权</td><td>商业百货</td><td rowspan="2">2016 年马上消费金融业务全年净利润 652 万元；上半年亏损 3872 万元，下半年实现净利润 4500 多万元</td><td>商业保理等</td></tr>
<tr><td>小商品城<br>（上交所主板 A 股）</td><td>商业百货</td><td>小额贷款<br>金融租赁<br>互联网金融等</td></tr>
<tr><td>视觉中国<br>（深交所主板 A 股）</td><td>富滇消费金融 27%股权</td><td>文化传媒</td><td>暂无</td><td>暂无</td></tr>
<tr><td>世纪瑞尔<br>（深交所创业板 A 股）</td><td>光大消费金融 20%股权</td><td>电子信息</td><td>拟参与设立</td><td>暂无</td></tr>
<tr><td>合肥百货<br>（深交所主板 A 股）</td><td>华融消费金融公司出资 1.38 亿元，占比 23%</td><td>商业百货</td><td>暂无</td><td>小额贷款等</td></tr>
</table>

续表

| 上市公司 | 消费金融（公司） | 所属行业 | 业务成绩或其他 | 其他金融布局 |
|---|---|---|---|---|
| 苏宁云商（深交所中小板A股） | 苏宁消费金融公司 | 商业百货 | 2016年全年营业收入1.058亿，净亏损1.89亿元，2015年营业收入8100万元，净亏损6168万元 | 银行<br>支付<br>供应链金融<br>消费金融等 |
| 红星美凯龙（香港联交所主板） | 海尔消费金融 | 家居 | 2016年通过与银行合作向消费者提供消费贷款4.92亿元，相关经营收入1360万元（全部收入为9.2824亿元） | 小额贷款<br>预付卡<br>互联网金融（家金所） |
| 二三四五（深交所中小板A股） | 与中银消费金融合作随心贷，2345贷款王 | 电子信息 | 2016年2345贷款王金融科技平台业务净利润1.13亿元，占总体业务净利润的17.8%，2015年度亏损731.81万元 | 网络小贷<br>融资租赁<br>保险<br>消费金融<br>金融大数据等 |
| TCL集团（深交所主板A股） | 湖北消费金融 | 家电行业 | 2016年1—9月，金融控股集团利润6.87亿元，同比增长23.34% | 银行供应链金融小额贷款互联网金融（T金所）金融租赁（筹建）保险（筹建） |
| 通程控股（深交所主板A股） | 长银五八消费金融16%股权 | 商业百货（家电） | 暂无 | 暂无 |
| 国美控股集团 | 金圆消费金融 | 商业百货 | 拟参与设立 | 暂无 |

资料来源：公开资料，上市公司年报等，零壹财经·零壹智库。

（1）物美控股集团有限公司为马上消费金融股东，2003年11月21日，物美控股集团旗下北京物美商业集团股份有限公司在香港联交所正式挂牌交易，这是首都商业企业第一次在境外上市，也是国内第一家海外上市的民营商业企业。

（2）合肥百货与子公司分别向合肥市兴泰小额贷款有限公司投资203万元，分别持有其10%的股权。

### 3.3.1.2 参与消费金融业务生态圈

**表3-5 上市公司参与消费金融业务生态圈情况**

| 上市公司 | 消费金融 | 所属行业 | 业务成绩或其他 | 其他金融布局 |
| --- | --- | --- | --- | --- |
| 海立美达（深交所中小板A股） | 全资收购联动优势融合第三方支付和线上场景切入消费金融 | 材料行业 | 暂无 | 暂无 |
| 康耐特（深交所创业板A股） | 收购旗计智能，银行卡账单分期业务 | 塑胶制品 | 暂无 | 暂无 |
| 奥马电器（深交所中小板A股） | 中融金银行云平台为中小银行提供SaaS服务，收取信息服务费和产品代销费，以银行合作提供网络信贷等 | 家电行业 | 2016年，中融金全年营业收入2.96亿元，同比增长150%，净利润1.61亿元，归属上市公司净利润329万元；前期投入大，钱包金服归属上市公司净利润-6260万元 | 小额贷款<br>汽车金融<br>互联网理财等<br>保险经纪<br>银行/基金（拟） |
| 梅泰诺（深交所创业板A股） | 持有众联科技14.066%股份；<br>拉卡拉征信 | 通信行业 | 众联科技为线下商户互联网营销平台运营商，All-Pay平台是其开发的多渠道营销及交易平台；随着支付与征信业务推进，公司可能受益整个消费金融产业链的发展 | 个人征信 |

续表

| 上市公司 | 消费金融 | 所属行业 | 业务成绩或其他 | 其他金融布局 |
|---|---|---|---|---|
| 银之杰（深交所创业板 A 股） | 华道征信金融大数据移动支付等 | 软件服务 | 金融业务前期投入大，收益不如预期 | 个人征信互联网保险大数据等 |
| 宏图高科（上交所主板 A 股） | 艺术品拍卖 | 商业百货 | 宏图高科凭原有 3C 业务及收购匡时国际丰富线下应用场景端口资源，利用支付牌照资质逐步开展金融业务 | 支付<br>小额贷款<br>供应链金融、消费金融<br>（拟） |
| 美克家居（上交所主板 A 股） | 投资深圳小窝金融信息服务有限公司，出资 1000 万元，持有 11% 的股权；小窝金服开展家装分期业务 | 木业家具 | 暂无 | 暂无 |

资料来源：公开资料，零壹财经·零壹智库。

### 3.3.2 上市公司布局消费金融行业的动因与特点

**（1）从主体上看，制造业、流通企业为主**

上市公司纷纷布局消费金融业务，从主体上看，一些制造业、流通企业表现积极，一方面，在经济环境整体向下的宏观背景中，实体经济发展疲软，金融业务的布局成为诸多实体企业新的盈利增长点。事实上，这些企业基本有除消费金融业务外其他金融业务的布局；同时，流通企业出于市场营销、扩大销售的目的，天然地有布局消费金融业务的业务需求，而且在当前整体向好的市场环境中尤其如此，同时其具备布局这一业务的诸多优势，其掌控着消费场景，具备渠道资源，可以利用已经积累的用户数据对用户进行分析，并进行差异化、精准化的服务，多项市场因素促使各企业纷纷布局消费金融业务。

**（2）从方式上看，参与筹建消费金融公司**

商业百货、家电行业等领域的上市公司，基本自消费金融业务发展之始，就开始参与筹建消费金融公司，逻辑是利用股东方的背景，开展基于各类消费场景的金融业务，且这一逻辑受到监管层的认可，从目前已经获批（开业）的 20 多家消费金融公司的情况来看，股东方除银行外，商业百货公司也是频频出现的类型之一。

**（3）布局金融科技，市值管理手段，盈利增长点方式**

除去可以依托原有业务开展消费金融业务而拿得消费金融公司牌照的布局外，还有一些上市公司选择布局金融科技，业务则主要集中在提供第三方服务领域，包括征信、金融大数据、支付等。

金融科技是目前市场较受欢迎的概念，布局这一领域对于上市公司的市值管理、营收等大有裨益，而且目前金融科技发展属于相对早期的阶段，提早布局机会领域有利于公司未来营收及发展。

**（4）处于较早投入阶段，金融及金融科技业务布局盈利逐渐显现**

就整体情况而言，上市公司对于消费金融及金融科技的布局多处于前期投入阶段，业务尚没有进入盈利阶段，对公司的营收贡献有限。如上述表格所述，重庆百货、苏宁云商、奥马电器、银之杰等在 2017 年第一季度等尚未因布局的消费金融及相关业务而获得盈利，但具备增长潜力。根据 2017 年年报披露的数据，已经有部分企业因消费金融业务获利，如重庆百货等。

# 3.4 消费金融资产证券化高速发展

## 3.4.1 我国资产证券化发展概况

### 3.4.1.1 我国资产证券化发展简述

资产证券化指的是以缺乏流动性但具有稳定未来现金流的资产作为信用交易基础，并通过结构重组和信用增级发行证券的一种直接融资方式。

自20世纪70年代在美国诞生后，资产证券化已经成为世界金融领域一种重要的金融创新和金融工具。经过半个世纪的发展，发达国家的资产证券化市场在制度体系以及产品类型上都已比较完善。

相较而言，我国的资产证券化起步较晚。2005年，证券化试点正式启动，后由于国际金融危机被叫停。2012年以后试点逐步恢复，2013年7月5日，国务院办公厅正式发布新“国十条”，即《关于金融支持经济结构调整和转型升级的指导意见》（国办发〔2013〕67号），核心内容之一是在货币信贷领域“用好增量、盘活存量”，其中，“盘活存量”主要的十大措施之一是逐步推进资产证券化的常规化发展，特别是把一些收益率比较稳定、期限比较长的优质贷款证券化，把存量变成新的增量。在此指导思想下，2013年8月，国务院常务会议提出，进一步扩大信贷资产证券化试点规模。

此后，在多重政策利好之下，2014年开始，ABS产品发行数量与金额均出现大幅增长。2014年共发行ABS产品104支，发行总量3309.83亿元；2015年共发行ABS产品320支，发行总量6131.62亿元，同比增长85.25%。2016年ABS产品保持快速增长态势，共发行495支资产证券化产品，发行总规模8567.46亿元，同比增长39.73%。2017年呈现爆发式发展态势，全年发行产品857单，发行总规模18880.39亿元，同比增长54.62%。

在资产证券化高速发展的过程中，近两年成为热点的消费金融扮演了重要角色，以下我们将聚焦消费金融领域的资产证券化，梳理分析这一领域的产品发行情况。

**表 3-6 我国资产证券化典型发展事件**

| 时间 | 主体 | 文件 | 意义 |
|---|---|---|---|
| 2005 年 4 月 20 日 | 央行、银监会 | 《信贷资产证券化试点管理办法》 | 正式开启信贷资产证券化的试点 |
| 2007 年 9 月 | | | 启动第二批信贷资产支持证券试点 |
| 2007 年 | | | 国际金融危机爆发，出于宏观审慎考虑，资产证券化试点被暂停 |
| 2011 年 9 月 | 证监会 | | 重启对企业资产证券化的审批 |
| 2012 年 5 月 | 央行、银监会、财政部 | 《关于进一步扩大信贷资产证券化试点有关事项的通知》 | 正式重启信贷资产证券化试点，推动国开行、工行等机构发行了第三批信贷资产支持证券 |
| 2012 年 8 月 | 银行间交易商协会 | 《银行间债券市场非金融企业资产支持票据指引》 | 资产支持票据 ABN 正式诞生 |
| 2013 年 3 月 | 证监会 | 《证券公司资产证券化业务管理规定》 | 证券公司资产证券化业务由试点业务开展转为常规业务 |
| 2013 年 7 月 | 国务院 | 《关于金融支持经济结构调整和转型升级的指导意见》 | 在货币信贷领域“用好增量、盘活存量”，“盘活存量”主要的十大措施之一是逐步推进资产证券化的常规化发展，特别是把一些收益率比较稳定、期限比较长的优质贷款证券化，把存量变成新的增量 |
| 2013 年 8 月 | 国务院常务会议 | | 进一步扩大信贷资产证券化试点规模 |
| 2014 年 11 月 | 银监会 | | 推出信贷资产证券化备案制，发布资产证券化业务规则，银监会对已经取得资质的银行取消资格审批，发行产品“事前实施备案登记” |

续表

| 时间 | 主体 | 文件 | 意义 |
| --- | --- | --- | --- |
| 2015 年 4 月 3 日 | 央行 | | 发布公告，宣布对信贷资产支持证券发行实行注册制管理 |
| 2015 年 8 月 25 日 | 保监会 | 《资产支持计划业务管理暂行办法》 | 明确保险资产支持计划的交易结构、规范操作行为及建立管理规范和强化风险管控 |
| 2015 年 9 月 | 银行间交易商协会 | 《个人消费贷款资产支持证券信息披露指引（试行）》 | 详细规定资产支持证券发行各环节信息披露要求 |

资料来源：零壹财经·零壹智库。

需要注意的是，近两年消费金融领域的资产证券化产品发行迅猛，随着一些问题的暴露，监管开始加强注意。

2017 年消费金融 ABS 发行遭遇“成长的烦恼”。4 月，中国互联网消费金融协会下发了《互联网金融信息披露标准——消费金融》，定义并规范了 23 项披露指标。

2017 年 11 月下旬开始，《关于立即暂停批设网络小额贷款公司的通知》《关于规范整顿“现金贷”业务的通知》《关于做好 P2P 网络借贷风险专项整治整改验收工作的通知》《小额贷款公司网络小额贷款业务风险专项整治实施方案》接连出台。按照文件规定，具有无场景依托、无指定用途、无客户群体限定、无抵押“四无”属性的现金贷将难以再作为底层资产。网络小贷放贷杠杆率要表内、表外合并计算，信贷资产转让、资产证券化等名义融入的资金应与表内融资合并计算，合并后的融资总额与资本净额的比例暂按当地现行比例规定执行。这意味着依靠（网络）小贷公司开展消费金融业务，并无限制规模融入放贷资金的模式难以为继。

2017 年 12 月 28 日，银行间市场交易商协会官网发布《个人消费类贷款资产支持证券信息披露指引（修订）》（以下简称“信披指引”征求意见稿）。此版信披指引与 2015 年 9 月交易商协会发布的《个人消费类贷款资产支持证券信息披露指引（试行）》相比，主要变化在于将循环资产纳入信息披露规范。

接下来，消费金融领域的资产证券化发行无疑将更需合规，发行步伐会放缓。

### 3.4.1.2 资产证券化的主要模式

从国内来看，根据主管机构的不同，可以将资产证券化分为四种模式：信贷资产证券化（信贷 ABS）、企业资产证券化（企业 ABS）、资产支持票据（ABN）和保险业资产支持计划。

其中，信贷 ABS 主要针对银行、持牌消费金融公司等金融机构，门槛较高、规模较大；企业 ABS 针对的主体更加多样，但主要以非金融企业为主，近两年，企业 ABS 的产品数量、增长速度都大大高于前者，已经成为推动资产证券化高速发展的主力；ABN 发行数量占历史 ABN 发行总数的 1/4，数量较少。种种迹象表明，企业 ABS 已得到快速发展，ABN 以及保险业资产支持计划起步较晚，目前整体规模很小，但也在缓慢发展。

我国资产证券化的主管机构各不相同，因此也容易引发一些问题。例如，消费金融领域，发起机构提供实质近似的金融服务，但有牌照和无牌照的金融机构却面临不同的监管机构和政策规范。同时，发行 ABS 的准入门槛不一，使得发起机构的融资成本存在差异，不利于市场有序竞争。

**表 3–7 资产证券化主要模式对比（按监管主体划分）**

| | 信贷 ABS | 企业 ABS | ABN | 保险业资产支持计划 |
|---|---|---|---|---|
| 监管机构 | 人民银行、银监会 | 证监会 | 银行间交易商协会 | 保监会 |
| 发起人/原始权益人 | 银行业金融机构（商业银行、政策性银行、财务公司、信用社、汽车金融公司、消费金融公司等） | 未明确规定，实际以非金融企业为主 | 非金融企业 | 未明确规定，但对原始权益人做出了一些条件要求 |
| 投资人 | 依法可以买卖政府债券、金融债券的机构（主要包括银行、险资、证券投资基金、企业年金、全国社保基金等） | 合格投资人，合计不超过 200 人，单笔认购不少于 100 万元 | 公开发行面向的投资人为银行间市场所有投资人；定向发行面向的投资人为机构投资人 | 保险机构等合格投资人 |

续表

| | 信贷 ABS | 企业 ABS | ABN | 保险业资产支持计划 |
|---|---|---|---|---|
| 基础资产 | 银行信贷资产（包括不良信贷资产） | 企业应收款、租赁债权、信贷资产、信托受益权等财产权利，基础设施、商业物业等不动产财产或不动产收益权等 | 符合法律法规规定，权属明确，能够产生可预测现金流的财产、财产权利或财产和财产权利的组合 | 能够直接产生独立、可持续现金流的财产、财产权利或者财产与财产权利构成的资产组合 |
| SPV | SPT（特殊目的信托） | 证券公司/基金子公司资产支持专项计划 | 未明确规定 | 项目资产支持计划 |
| 受托机构/计划管理人 | 信托公司 | 券商或者基金子公司 | 未明确规定 | 保险资管公司 |
| 交易场所 | 银行间债券市场 | 证券交易所、机构间私募产品报价与服务系统、证券公司柜台市场以及中国证监会认可的其他证券交易场所 | 银行间债券市场 | 保险资产登记交易平台 |
| 审核方式 | 未发行过证券化产品的机构进行资质审核，此后产品发行实行事前备案制 | 交易所审核出具无异议函，证券基金业协会备案 | 注册制 | 初次申报核准，同类产品事后报告 |
| 主要法律法规依据 | 《信贷资产证券化试点管理办法》《金融机构信贷资产证券化试点监督管理办法》《关于信贷资产证券化备案登记工作流程的通知》 | 《证券公司及基金管理公司子公司资产证券化业务管理规定》 | 《银行间债券市场非金融企业债务融资工具管理办法》《银行间债券市场非金融企业资产支持票据指引》 | 《资产支持计划业务管理暂行办法》 |

资料来源：零壹财经·零壹智库。

### 3.4.2 消费金融领域资产证券化分析

#### 3.4.2.1 概述

消费金融的定义差异较大，但通常来说是指为消费者提供以消费为目的的信贷服务，表现形式主要包括消费分期、个人消费贷款及信用卡（循环授信）等，由于住房抵押贷款和汽车抵押贷款相对特殊，暂不纳入本部分的统计分析中。

近两年，我国提供消费金融服务的机构众多，包括商业银行、持牌消费金融公司、电商企业、P2P 借贷平台、消费分期平台等。由于各机构性质不同，他们提供消费金融服务的方式也各有差异，由此形成了多样的基础资产，包括消费贷款、应收账款、信托贷款等。

例如，银行、消费金融公司、小贷公司等形成的是个人消费贷款；京东、乐信等资产证券化产品的基础资产是应收账款债权；信息撮合平台宜人贷、助贷平台中腾信等因为自身定位，债权本身不属于其所有，因此往往采取信托通道方式，发行的资产证券化产品的基础资产是信托受益权。

从实际发行情况来看，近两年消费金融资产证券化产品中的基础资产包括个人消费贷款、应收账款、信托收益权等。

#### 3.4.2.2 发展动因

资产证券化是一种直接融资方式，从消费金融各市场主体的资金来源渠道上看，除商业银行可以吸收公众存款外，其他各类主体需要依靠股东、同业拆借、金融债券、自有资金等方式获得资金，资产证券化则是融得资金的另外一种方式。

通过几种资金来源方式的对比，可以分析资产证券化方式的特点及其发展的动因。

**（1）与发行金融债券对比：注重资产质量，评级更高，融资成本更低**

资产证券化和金融债券最大的区别是：一般金融债券关注的是发行人的主体信用，而资产支持证券首先看基础资产的质量及交易结构安排，包括基础资产的组合信用水平，交易信用支持安排，交易风险与缓释安排，现金流压力测试，外部增信机制与效果等。消费金融机构基础资产的分散化，使得其信用资质得到了一定程度的提升，基本可以获得比发行人主体信用更高的评级，从而突破发起人的信用和融资条件限制，可以高于发起人的信用评级获得较低成本的融资。

**（2）与同业拆借对比：融资规模更灵活**

《消费金融公司试点管理办法》第23条规定，消费金融公司同业拆入资金余额不得高于资本净额的100%，因此其所能借到的资金也十分有限，远远不能满足其对业务发展的资金需求。而资产证券化业务不受此规定限制，其发行规模主要由公司业务规模决定，能更好地满足公司对业务发展的资金需求。

不过，在实践中资产证券化的发行由于尚未有一定的规模限制，从而导致发展迅猛；随着“现金贷”的发展热潮，监管层已经注意到这一利用高杠杆融资的方式，基于风险考虑，已经有所监管，主要规定是企业资产证券化的发行纳入表内计算，以起到限制发行规模的作用。

**（3）与向境内金融机构借款对比：融资期限更灵活**

境内金融机构借款是消费金融公司主要的资金来源，但由于消费金融业务属于资金密集型贷款业务，拥有天然的轻资产、高负债比率的特点，导致消费金融公司在向银行融资时利率较高，且借款期限通常不长。而资产证券化产品的发行期限通常为3~5年，同时可以进行循环购买结构和回拨选择权相结合的设计，配合储架发行创新结构，有利于原始权益人和计划管理人根据发行时的具体市场环境灵活设计产品期限结构，提高融资灵活性，为企业提供持续稳定的资金来源。

**（4）能否成功发行成为服务商实力的量度**

资产证券化存在一定的门槛，如果跨越这一门槛，一定程度体现了服务商以风险管理能力为核心的综合实力得到认可，并因此获得更低成本的资金，从而助推业务发展。

资产证券化可以拓宽消费金融服务商的融资渠道，获得较低成本的融资，有利于服务商扩大业务规模，提高经营效益；同时，资产证券化有利于提高消费金融服务商的流动性和资金使用效率，提高资本的周转率，这是它获得发展的原因。

#### 3.4.2.3　消费金融领域资产证券化产品发行数据

**（1）发行特征**

2014 年是消费金融领域资产证券化（以下简称 ABS）产品发展的元年。这一年，平安银行绕道上海证券交易所债市，发行了第一支消费金融 ABS 产品——平安银行 1 号小额消费贷款资产支持证券。这一年也因此被称作消费金融资产证券化元年。

2015 年是互联网消费金融 ABS 产品的开端之年。这一年，消费金融 ABS 领域共有 8 支产品发行，对应 6 家发起机构。其中，京东金融发起了基于京东白条的信托受益权资产支持专项计划，中腾信发行了微贷信托受益权资产支持专项计划，这在一定程度上代表了互联网消费金融资产证券化的开端。另外，2015 年蚂蚁金服也发行了基于蚂蚁小贷（主要是针对小微企业的小额贷款）的 ABS 产品，虽然蚂蚁小贷在严格意义上（此前多被纳入消费金融 ABS 领域）并不属于消费金融范畴，但它采取循环购买方式设立资产池可以解决基础资产存续期难与资产支持证券相匹配的问题，这一方式也为后来大多数消费金融 ABS 产品所采纳。

2016 年是消费金融 ABS 发行步入常态的一年。与 2015 年相比，2016 年 ABS 发行总额实现了 600%的增长，共发行产品 56 支，发起机构增加至 18 家。互联网金融平台方面，分期乐、宜人贷、小米金融等接连入场。其中，宜人贷采取了与之前中腾信类似的以信托受益权作为基础资产的模式，对接宜人贷平台上的“精英贷”，借助信托通道实现了合规设计。

2017 年是消费金融 ABS 发行呈现井喷态势的一年，但新规落地使之年底迎来拐点。这一年，发起机构总量为 20 家，与 2016 年几乎持平，发行产品达到了 154 支，发行总额为 4396.11 亿元，同比增长 336.61%。2017 年也首次出现了京东以“京东白条”作为基础资产发行的资产支持票据（ABN）产品；百度金融发行了以教育分期贷款作为底层资产的企业 ABS 产品，产品由重庆百度小额贷款有限公司担任原始权益人，这标志着又一位互联网巨头入场。2017 年 11 月下旬至 12 月初，“现金贷”监管整治文件陆续下发，监管趋严，消费金融领域，尤其是现金贷类产品为基础资产的 ABS 产品在年底迎来发行拐点。

**（2）发行数据概况**

截至 2017 年底，我国消费金融 ABS 发行总规模为 5572.77 亿元；发行总量为 219 支，其中包括 181 支企业 ABS，37 支信贷 ABS，1 支 ABN。截至 2017 年底，共有 30 家机构发行了消费金融 ABS，加权平均次级档为 10.42%，优先级发行利率为 5.17%，优先级发行年限为 1.19 年。产品主要为个人消费金融 ABS，多在上海证券交易所交易，发行方式主要是私募发行。

其中，2017 年消费金融 ABS 的发行规模占 ABS 市场总规模的 22.75%，呈现出稳步上升的趋势。

以下，我们按照发行数量和发行规模分别统计分析 2014—2017 年消费金融 ABS 的发行情况。

①发行规模情况

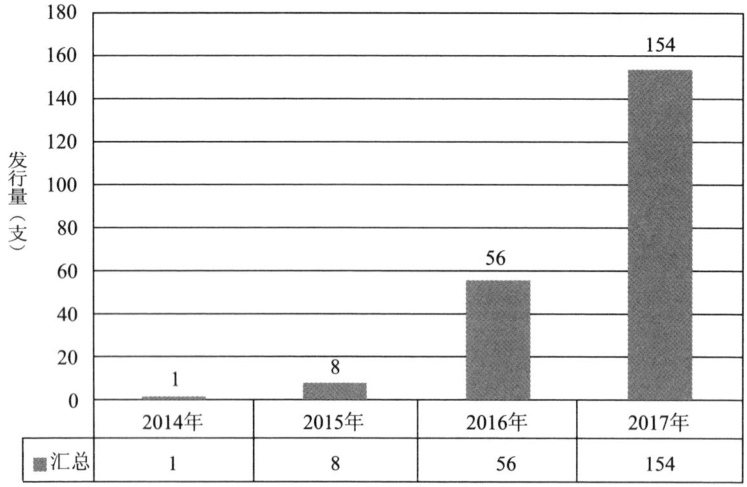


**图 3-5　2014—2017 年发行总量情况**

资料来源：CNABS，零壹财经·零壹智库。

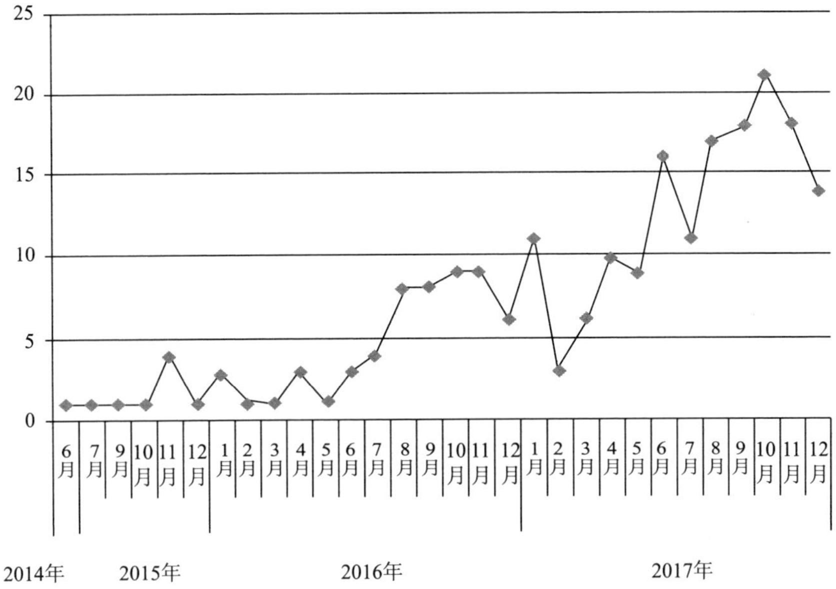


**图 3-6　2014—2017 年月度发行量情况**

资料来源：CNABS，零壹财经·零壹智库。

如图 3-5、图 3-6 所示，以产品设立日为统计口径，从发行数量上看，2014—2017 年，消费金融 ABS 产品的发行呈现出爆发式快速增长趋势。2017 年的发行量占总体资产证券化市场发行总量的 17.42%，实现同比增长 175%，较 2014 年增长 15400%。截至 2017 年 12 月 31 日，消费金融 ABS 共发行 219 支产品。

其中，按市场分类，消费金融 ABS 以企业 ABS 为主，发行 181 支；按基础资产分类，以小额贷款为主，共发行 145 支；按交易场所分类，以上海证券交易所为主，发行 122 支；按发行方式分类，以私募发行为主，发行 176 支。

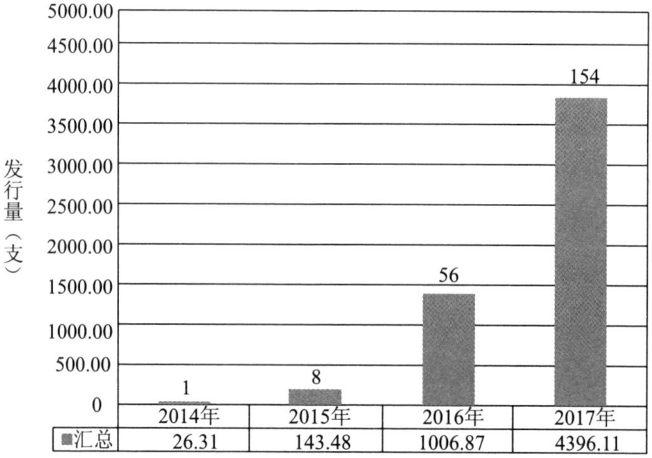


**图 3-7　2014—2017 年消费金融 ABS 发行金额总额情况**

资料来源：CNABS，零壹财经·零壹智库。

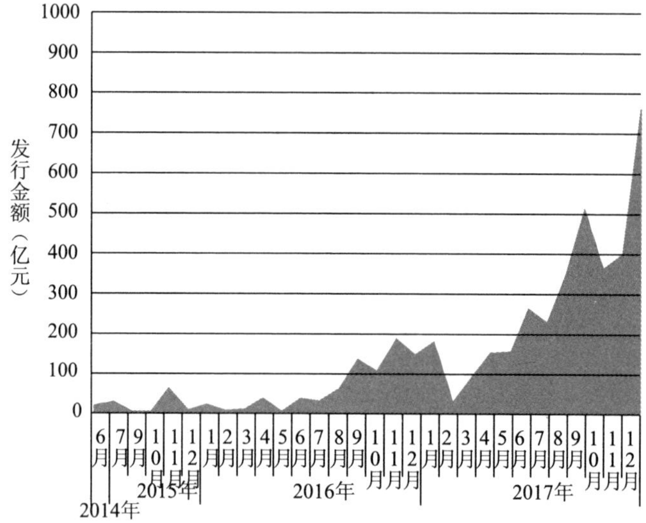


**图 3-8　2014—2017 年阅读消费金融 ABS 发行金额情况**

资料来源：CNABS，零壹财经·零壹智库。

如图 3-7、图 3-8 所示，从发行金额规模上看，2014—2017 年，消费金融 ABS 总发行金额快速增长，2015—2017 三年增速分别为 445.34%、601.75%、336.61%。2017 年消费金融 ABS 发行金额占市场全部 ABS 发行金额的 22.89%。截至 2017 年 12 月 31 日，消费金融 ABS 发行总额为 5572.77 亿元。金融机构发行总额为 1849.49 亿元，非金融机构发行总额为 3723.28 亿元，非金融机构的发行规模大于金融机构的发行规模。

其中，按市场分类，企业 ABS 发行规模最大，总额为 3708.28 亿元；按底层基础资产分类，小额贷款 ABS 发行规模远超其他产品，总额为 3355.53 亿元；按交易场所分类，以上海证券交易所为主，总额为 2939.46 亿元；按发行方式分类，以私募为主，总额为 3723.27 亿元。

②产品类别情况

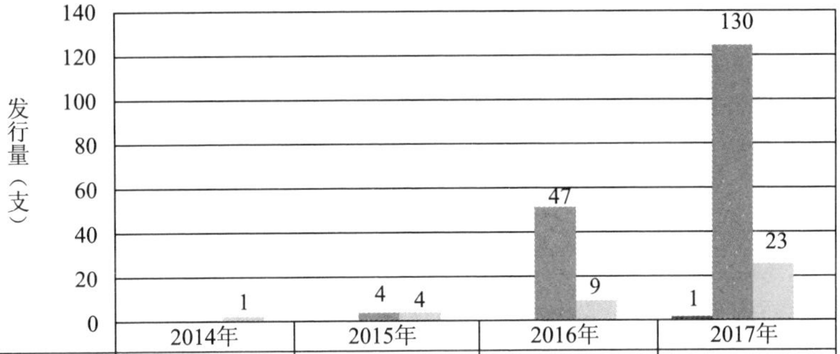


| | 2014年 | 2015年 | 2016年 | 2017年 |
|---|---|---|---|---|
| ABN | | | | 1 |
| 企业ABS | | 4 | 47 | 130 |
| 信贷ABS | 1 | 4 | 9 | 23 |

**图 3-9　2014—2017 年按市场分类的发行量情况**

资料来源：CNABS，零壹财经·零壹智库。

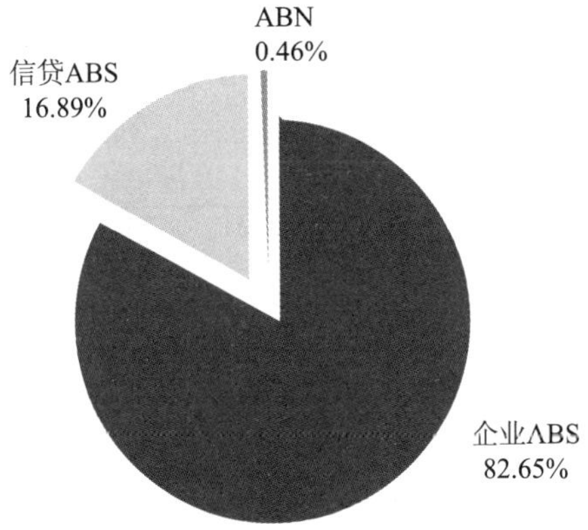


**图 3-10　2014—2017 年按市场分类的发行量比例情况**

资料来源：CNABS，零壹财经·零壹智库。

从发行数量上看，2014 年，首支消费金融资产证券化产品由平安银行绕道上海证券交易所债市发行，并没有在银行间债券市场发行，但仍将其归类为信贷 ABS。

2014—2017 年，企业 ABS 发行量增速高于信贷 ABS，且呈现出差距扩大的趋势。2016 年，企业 ABS 发行量同比增长 1075%，信贷 ABS 发行量同比增长 125%，发行量前者是后者的 5.22 倍；2017 年，企业 ABS 发行量同比增长 176.60%，信贷 ABS 发行量同比增长 155.56%，企业 ABS 发行量增速大幅下降，但发行量是信贷 ABS 的 5.65 倍。

2017 年，京东金融发行了消费金融资产证券化领域的第一支 ABN 产品，它以“京东白条”应收账款债权作为基础资产，成为国内首单消费金融信托型 ABN。此后，蚂蚁金服欲申请发行的 300 亿元 ABN 产品随着“现金贷”新规而搁浅。

截至 2017 年 12 月 31 日，企业 ABS 发行总量为 181 支，信贷 ABS 发行总量为 37 支，ABN 仅发行 1 支。企业 ABS 的发行量占总量的 82.65%，信贷 ABS 与 ABN 的发行量分别占比 16.89%和 0.46%。

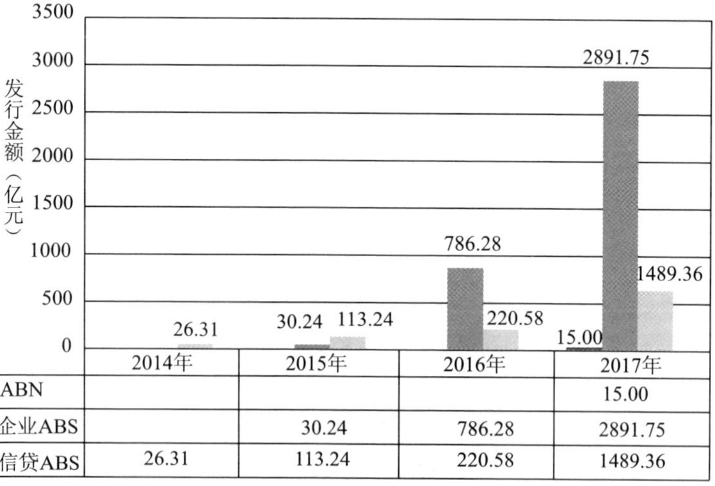


| | 2014年 | 2015年 | 2016年 | 2017年 |
|---|---|---|---|---|
| ABN | | | | 15.00 |
| 企业ABS | | 30.24 | 786.28 | 2891.75 |
| 信贷ABS | 26.31 | 113.24 | 220.58 | 1489.36 |

**图 3-11　2014—2017 年按市场分类的发行金额情况**

资料来源：CNABS，零壹财经·零壹智库。

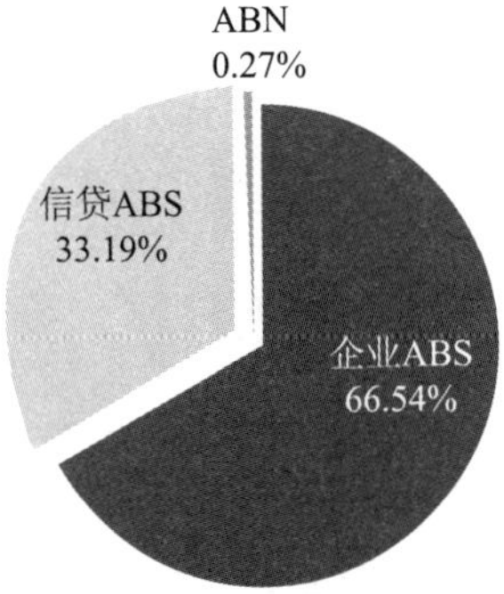


**图3-12 2014—2017年按市场分类的发行金额比例情况**

资料来源：CNABS，零壹财经·零壹智库。

从发行金额规模上看，2016年、2017年，企业ABS发行金额同比分别增长2500.13%和267.78%，信贷ABS发行金额同比分别增长94.79%和575.20%。发行金额的增速快于发行量的增速，说明单位发行金额在扩大。

截至2017年12月31日，企业ABS发行金额占比为66.54%，信贷ABS发行金额占比为33.19%，ABN发行金额为0.27%。

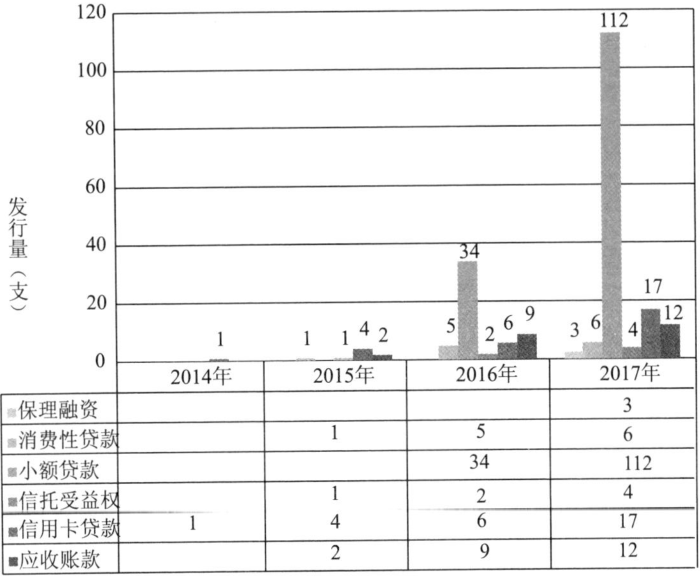


| | 2014年 | 2015年 | 2016年 | 2017年 |
|---|---|---|---|---|
| 保理融资 | | | | 3 |
| 消费性贷款 | | 1 | 5 | 6 |
| 小额贷款 | | | 34 | 112 |
| 信托受益权 | | 1 | 2 | 4 |
| 信用卡贷款 | 1 | 4 | 6 | 17 |
| 应收账款 | | 2 | 9 | 12 |

**图3-13 2014—2017年按产品分类的发行量情况**

资料来源：CNABS，零壹财经·零壹智库。

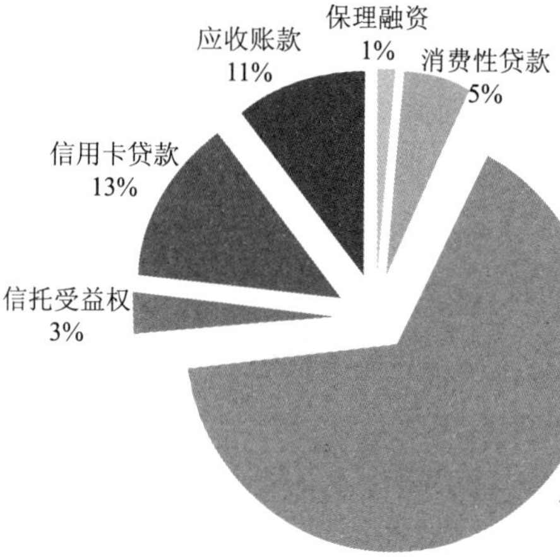


**图 3-14　2014—2017 年按产品分类的发行量比例情况**

资料来源：CNABS，零壹财经·零壹智库。

从 2015—2017 各年情况来看，企业 ABS 发行金额与信贷 ABS 发行金额的比例分别为 0.27%、3.56%、1.94%。对比两者发行量之比，企业 ABS 与信贷 ABS 的发行金额之比小于发行量之比，说明信贷 ABS 的单位发行金额要高于企业 ABS，2017 年尤为明显。这与 2017 年 12 月现金贷新规后，小额贷款 ABS 发行量与发行金额骤减有关。2017 年 12 月小额贷款 ABS 发行 6 支产品，发行金额为 55.47 亿元，而 11 月发行 16 支产品，发行金额为 419.8 亿元。发行金额骤降 87%，且单位发行金额由 11 月的 26.2375 亿元/支下降为 9.245 亿元/支。

③基础资产情况

如上所示，从发行数量上看，2016 年首次出现的小额贷款（消费类）ABS 产品占据市场发行的主要地位，且保持高速增长趋势，2017 年同比增长为 229.41%。

受“现金贷”监管政策收紧影响，小额贷款（消费类）ABS 产品的发行量在 2017 年 12 月大幅下降。根据 Wind 数据，2017 年下半年，除 7 月和 12 月外，该类产品发行数量均在 14 单以上，但在 12 月仅有 6 笔小额贷款 ABS

发行，发行金额仅为55.47亿元，较11月的16单419.8亿元，发行金额骤降87%。

信托受益权ABS产品首次出现于2015年，由中腾信发行，发行总额为5.2亿元，次级比例为10.2%，对接中腾信平台的微贷债权。2016年，中腾信再次通过该模式发行总额为2.87亿元的信托受益权ABS产品，次级比例为25.84%，对接中腾信平台的“工薪贷”债权。同年，宜人贷也采用该模式发行以宜人贷平台的“精英贷”债权为基础资产，规模为2.5亿元的信托受益权ABS。2017年，京东金融初次尝试该模式，联手美利车金融发行以汽车分期作为基础资产的信托受益权ABS产品，发行金额1.89亿元，随后又发行以“京东金条”作为基础资产的ABS产品，发行金额为5亿元。

应收账款ABS产品首次出现于2015年，是由北京京东世纪贸易有限公司发行的两期应收账款债权资产支持专项计划，发行总额为20亿元，对接京东平台的“京东白条”应收账款。

保理融资ABS产品首次出现于2017年，由唯品会先后于1月和10月发行两期以分期付款业务“唯品花”应收账款为基础资产的ABS，规模分别为4.75亿元和3亿元。同年，读秒与去哪儿网联合发行一期规模为2.45亿元的保理融资ABS产品，对接去哪儿网“拿去花”消费分期债权。

在消费金融ABS产品中，涉及新兴产品模式的主要是大型互联网消费金融服务机构，且以电商平台旗下相关公司为主，依托于消费场景、客户数量优势，它们占据了消费金融ABS市场的多数份额。

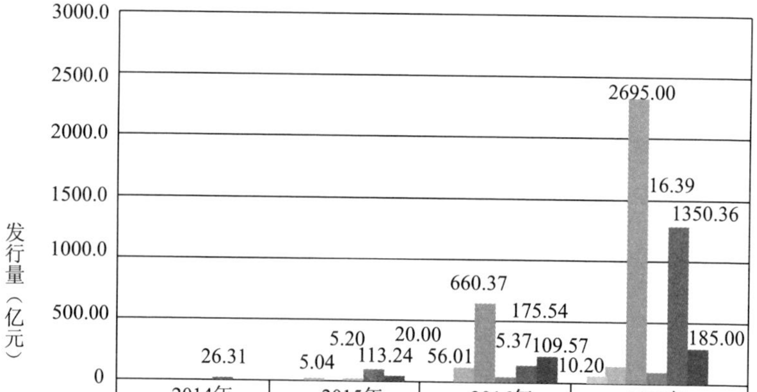


| | 2014年 | 2015年 | 2016年 | 2017年 |
|---|---|---|---|---|
| ■保理融资 | | | | |
| ■消费性贷款 | | 5.04 | 56.01 | 139.00 |
| ■小额贷款 | | | 660.37 | 2695.00 |
| ■信托受益权 | | 5.20 | 5.37 | 16.39 |
| ■信用卡贷款 | 26.31 | 113.24 | 175.54 | 1350.36 |
| ■应收账款 | | | 109.57 | 185.00 |

**图 3-15　2014—2017 年按基础资产分类的发行金额情况**

资料来源：CNABS，零壹财经·零壹智库。

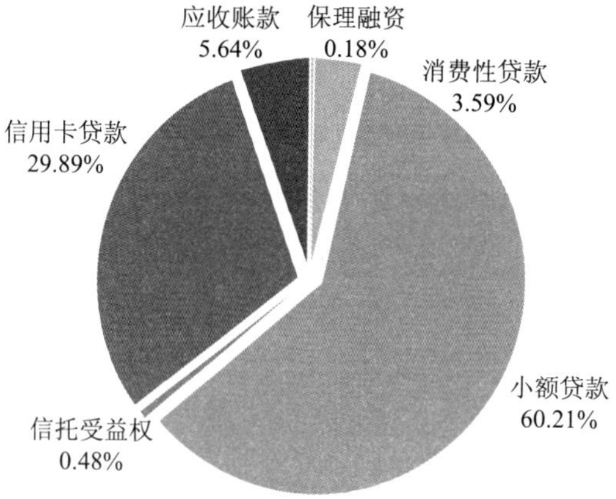


**图 3-16　2014—2017 年按基础资产分类的发行金额比例情况**

资料来源：CNABS，零壹财经·零壹智库。

如图 3-15、图 3-16 所示，从发行金额规模上看，以小额贷款（消费类）

为基础资产的 ABS 是消费金融 ABS 市场的主要产品，小额贷款 ABS 的井喷式增长是带动消费金融 ABS 发行的主要力量。2017 年，小额贷款 ABS 增速为 308.13%，略低于消费金融 ABS 市场整体 336.61%的增速，主要原因是 2017 年 12 月的监管政策影响导致发行规模骤减。相比之下，其他基础资产类型的 ABS 发行金额增长表现平平。

新兴的消费金融 ABS 发行模式因具有一定的政策风险并没有迅速成为市场主流方式。

④流通市场情况

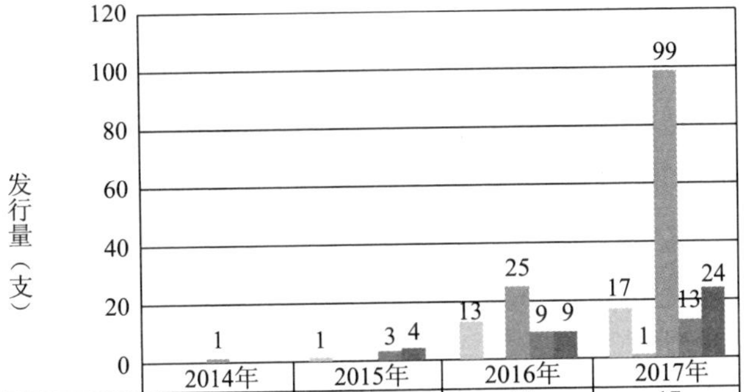


| | 2014年 | 2015年 | 2016年 | 2017年 |
|---|---|---|---|---|
| 场外交易市场 | | 1 | 13 | 17 |
| 机构间私募产品报价与服务系统 | | | | 1 |
| 上海证券交易所 | 1 | | 25 | 99 |
| 深圳证券交易所 | | 3 | 9 | 13 |
| 银行间债券交易所 | | 4 | 9 | 24 |

**图 3-17　2014—2017 年按交易场所分类的发行量情况**

资料来源：CNABS，零壹财经·零壹智库。

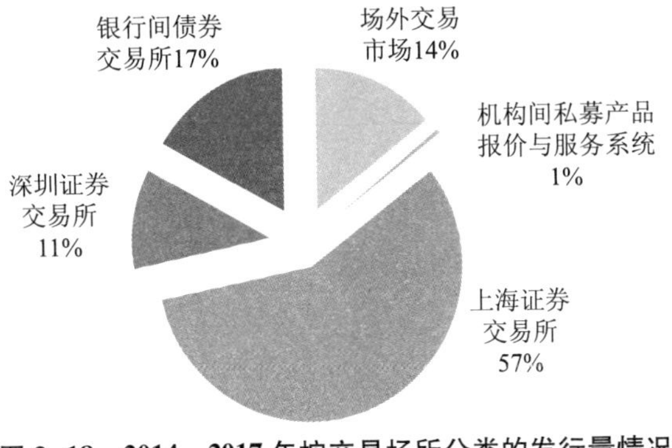


**图 3-18　2014—2017 年按交易场所分类的发行量情况**

资料来源：CNABS，零壹财经·零壹智库。

如图 3-17、图 3-18 所示，从发行数量上看，截至 2017 年 12 月 31 日，上海证券交易所是消费金融 ABS 发行以及交易的主要场所，占比为 57%。其余交易场所及所占份额分别为银行间债券市场（17%）、场外交易市场（14%）、深圳证券交易所（11%），以及机构间私募产品报价与服务系统（1%）。

从各年情况来看，上海证券交易所发行数量在 2017 年的增速达到 296%；银行间债券市场发行数量 2016 年的增速为 125%，2017 年为 166.67%；深圳证券交易所发行数量 2016 年增速为 350%，2017 年为 44.44%；场外交易市场发行数量 2016 年增速为 1200%，2017 年为 30.77%。

上海证券交易所已经成为主要发行交易的场所，主要原因是大型互联网金融服务机构旗下相关公司大多选择在此发行，并以私募方式为主；底层基础资产涉及小额贷款、应收账款债权、保理融资三类产品。其中，蚂蚁金服旗下两家小额贷款公司在上海证券交易所、深圳证券交易所和场外交易市场都有发行 ABS，但以上交所发行的产品居多。

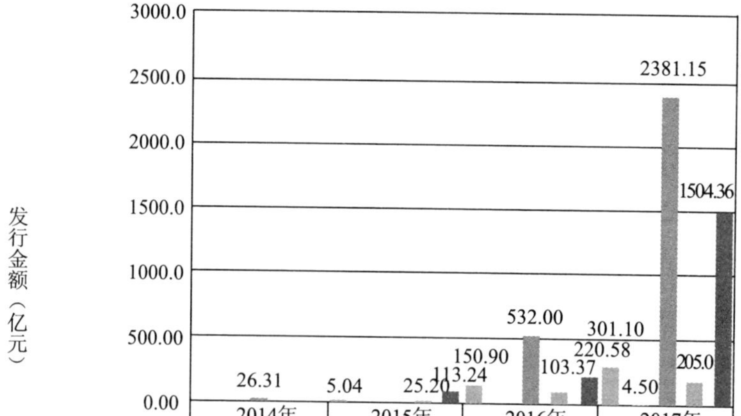


| | 2014年 | 2015年 | 2016年 | 2017年 |
|---|---|---|---|---|
| 场外交易市场 | | 5.04 | 150.90 | 301.10 |
| 机构间私募产品报价与服务系统 | | | | 4.50 |
| 上海证券交易所 | 26.31 | | 532.00 | 2381.15 |
| 深圳证券交易所 | | 25.20 | 103.37 | 205.00 |
| 银行间债券交易所 | | 113.24 | 220.58 | 1504.36 |

**图 3-19　2014—2017 年按交易场所分类的发行金额情况**

资料来源：CNABS，零壹财经·零壹智库。

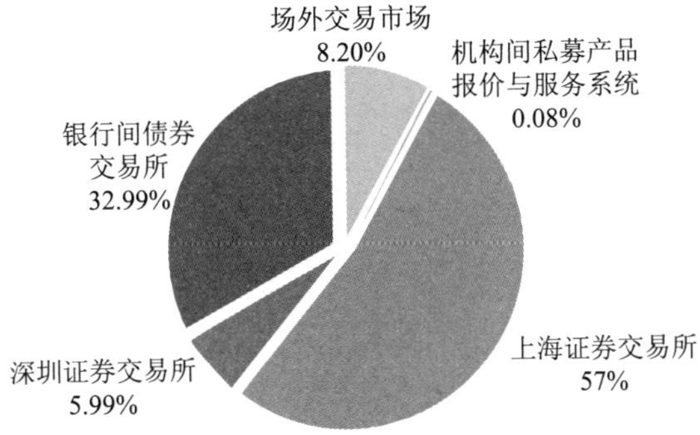


**图 3-20　2014—2017 年按交易场所分类的发行金额情况**

资料来源：CNABS，零壹财经·零壹智库。

如图 3-19、图 3-20 所示，从发行金额规模上看，上海证券交易所和银行间债券市场仍然是两大主要发行和交易市场。对比发行量，除银行间债券市场外，其余交易场所累计发行金额占比均不及发行量占比，这表明作为银行业金融机构发行 ABS 的单位发行金额与其他机构相比较高。

如发行金额统计柱形图所示，2017 年上海证券交易所发行规模增速不及银行间债券市场，前者增速为 347.58%，而后者高达 582.00%。因上交所是互联网消费金融服务机构发行和交易 ABS 的主要场所，2017 年 12 月后小贷发行规模骤减可能拉低了上交所发行规模的增速。

⑤发行方式情况

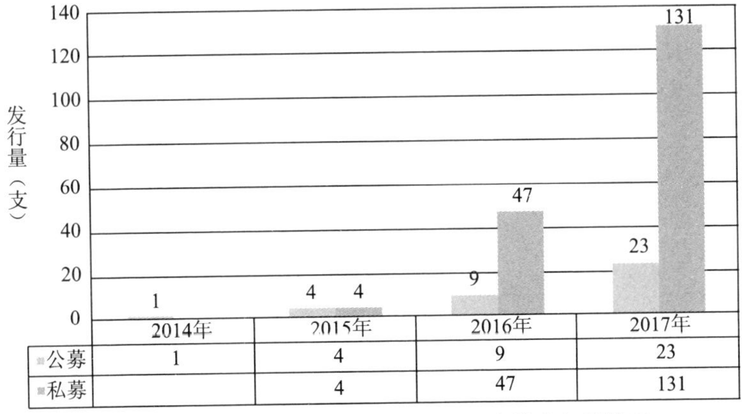


| | 2014年 | 2015年 | 2016年 | 2017年 |
|---|---|---|---|---|
| 公募 | 1 | 4 | 9 | 23 |
| 私募 | | 4 | 47 | 131 |

**图 3-21　2014—2017 年按发行方式分类的发行量情况**

资料来源：CNABS，零壹财经·零壹智库。

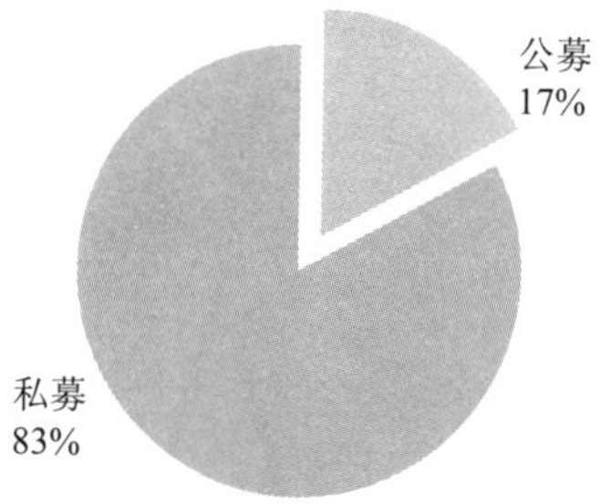


**图 3-22　2014—2017 年按发行方式分类的发行量情况**

资料来源：CNABS，零壹财经·零壹智库。

如图 3-21、图 3-22 所示，从发行数量上看，2016 年、2017 年，私募发行量增速分别为 1075%和 178.72%，公募发行量增速分别为 125%和 155.56%，私募发行量与公募发行量之比由 2016 年的 5.22 倍上升至 2017 年的 5.7 倍。

消费金融 ABS 市场中有 83%的 ABS 产品属于私募发行，17%的 ABS 产品属于公募发行。

其中，信贷 ABS 全部选择公募发行，原始权益人主要是商业银行和持牌消费金融公司，底层资产为消费性贷款和信用卡贷款；企业 ABS 和 ABN 选择私募发行，原始权益人主要包括互联网消费金融服务机构、小额贷款公司等，底层资产为小额贷款、应收账款、消费性贷款、保理融资、信托受益权等。

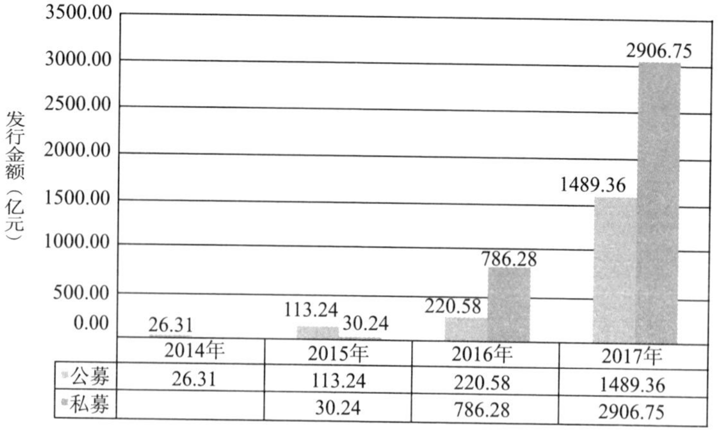


| | 2014年 | 2015年 | 2016年 | 2017年 |
|---|---|---|---|---|
| 公募 | 26.31 | 113.24 | 220.58 | 1489.36 |
| 私募 | | 30.24 | 786.28 | 2906.75 |

**图 3-23　2014—2017 年按发行方式分类的发行金额情况**

资料来源：CNABS，零壹财经·零壹智库。

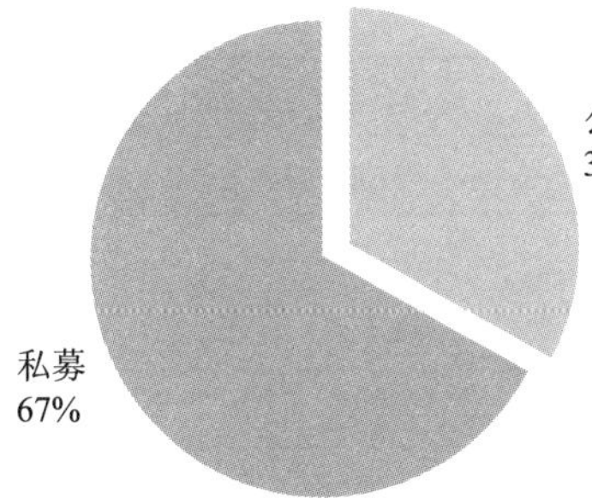


**图 3-24　2014—2017 年按发行方式分类的发行金额情况**

资料来源：CNABS，零壹财经·零壹智库。

如图 3-23、图 3-24 所示，从发行金额规模上看，2016，2017 年，私募发行金额同比增长分别为 2500. 13%和 269. 68%，公募发行金额同比增长分比为 94. 79%和 575. 2%。截至 2017 年 12 月 31 日，私募占有 67%的份额，公募占有 33%的份额。

结合发行量的同比增长情况可以看出，私募发行与公募发行在发行金额方面的差距在缩小，公募发行产品的单位发行金额要大于私募发行的产品。

⑥发起机构情况

**表 3-8　2014—2017 年机构发行金额全排名**

| 发起机构/原始权益人 | 发起金额 | 发行量 | ABN | 企业 ABS | 信贷 ABS |
|---|---|---|---|---|---|
| 重庆市蚂蚁小微小额贷款有限公司 | 1961. 80 | 82 | | 82 | |
| 重庆市蚂蚁商诚小额贷款有限公司 | 1316. 10 | 50 | | 50 | |
| 招商银行股份有限公司 | 639. 13 | 7 | | | 7 |
| 交通银行股份有限公司 | 510. 22 | 6 | | | 6 |
| 北京京东世纪贸易有限公司 | 322. 14 | 23 | 1 | 22 | |
| 中信银行股份有限公司 | 300. 35 | 4 | | | 4 |
| 捷信消费金融有限公司 | 127. 07 | 6 | | | 6 |
| 宁波银行股份有限公司 | 96. 99 | 4 | | | 4 |
| 广发银行股份有限公司 | 71. 07 | 3 | | | 3 |
| 中银消费金融有限公司 | 62. 01 | 4 | | 1 | 3 |

续表

| 发起机构/原始权益人 | 发起金额 | 发行量 | ABN | 企业 ABS | 信贷 ABS |
|---|---|---|---|---|---|
| 重庆市小米小额贷款有限公司 | 43.00 | 8 | | 8 | |
| 平安银行股份有限公司 | 36.12 | 2 | | | 2 |
| 百度金融服务事业群组 | 12.56 | 2 | | 2 | |
| 上海品众商业保理有限公司 | 7.75 | 2 | | 2 | |
| 厦门农村商业银行股份有限公司 | 6.03 | 1 | | | 1 |
| 湖北消费金融股份有限公司 | 5.97 | 1 | | 1 | |
| 南京银行股份有限公司 | 5.54 | 1 | | | 1 |
| 上海华振运输有限公司、中信产业投资基金管理有限公司、中信夹层（上海）投资中心（有限合伙） | 5.20 | 1 | | 1 | |
| 北京京东金融科技控股有限公司 | 5.00 | 1 | | 1 | |
| 北京自如众诚友融信息科技有限公司 | 5.00 | 1 | | 1 | |
| 拉卡拉支付股份有限公司 | 5.00 | 1 | | 1 | |
| 四川锦程消费金融公司 | 5.00 | 1 | | 1 | |
| 深圳市顺丰合丰小额贷款有限公司 | 4.50 | 1 | | 1 | |
| 中航信托股份有限公司 | 4.50 | 1 | | 1 | |
| 北京京汇小额贷款有限公司 | 3.00 | 1 | | 1 | |
| 磐信（上海）投资中心、天津进鑫投资合伙企业 | 2.87 | 1 | | 1 | |
| 喆颢资产管理（上海）有限公司 | 2.50 | 1 | | 1 | |
| 深圳前海敏恒商业保理有限公司 | 2.45 | 1 | | 1 | |
| 深圳市分期乐网络科技有限公司 | 2.00 | 1 | | 1 | |
| 北京正东金控信息服务有限公司 | 1.89 | 1 | | 1 | |
| 总计 | 5572.77 | 219 | 1 | 181 | 37 |

资料来源：CNABS，零壹财经·零壹智库。

如表3-8所示，无论是发行金额还是发行量，蚂蚁金服旗下重庆市蚂蚁小微小额贷款有限公司与重庆市蚂蚁商诚小额贷款有限公司均占据榜首。

截至2017年12月31日，蚂蚁金服所发行的ABS金额为3277.9亿元，占消费金融 ABS 总金额的 58. 82%。其中，以“蚂蚁花呗”作为底层资产的 ABS 规模为 1921. 8 亿元，以“蚂蚁借呗”作为底层资产的 ABS 规模为 1356. 1 亿元，分别占消费金融 ABS 总金额的 34. 49%和 24. 33%。

2014—2017 年，共有 30 家机构发行了消费金融 ABS，其中有 13 家机构为互联网消费金融服务机构或业务范围中包含互联网消费金融的平台。在发行金额排名前十的机构中，5 家为商业银行，2 家为持牌消费金融公司，互联网消费金融服务机构除蚂蚁金服的两家公司外，还有北京京东世纪贸易有限公司。

**表 3-9　2014—2017 年发起机构发行情况**

| 发起机构 | 次级档/% | 发行利率/% | 信用评级 | 发行年限/年 | 资产池状态 |
|---|---|---|---|---|---|
| 百度金融服务事业群组 | 11. 40 | 5. 73 | 13. 25 | 0. 57 | 静态 |
| 北京京东金融科技控股有限公司 | 25. 00 | — | — | — | — |
| 北京京东世纪贸易有限公司 | 13. 15 | 5. 25 | 13. 62 | 1. 84 | 静态/动态 |
| 北京京汇小额贷款有限公司 | 0 | 5. 10 | 13. 50 | 1. 00 | 动态 |
| 北京正东金控信息服务有限公司 | 7. 49 | 7. 68 | 13. 50 | 2. 57 | 静态 |
| 北京自如众诚友融信息科技有限公司 | 10. 00 | 5. 39 | 15. 00 | 1. 93 | 动态 |
| 广发银行股份有限公司 | 7. 42 | 4. 87 | 14. 67 | 0. 79 | 静态/动态 |
| 湖北消费金融股份有限公司 | 10. 12 | 5. 20 | 14. 00 | 2. 90 | 动态 |
| 交通银行股份有限公司 | 5. 47 | 4. 89 | 14. 17 | 0. 56 | 静态 |
| 捷信消费金融有限公司 | 14. 06 | 5. 28 | 14. 50 | 0. 67 | 静态 |
| 拉卡拉支付股份有限公司 | 5. 00 | 6. 25 | 15. 00 | 2. 00 | 动态 |
| 南京银行股份有限公司 | 6. 00 | 3. 36 | 14. 50 | 0. 61 | 静态 |
| 宁波银行股份有限公司 | 7. 45 | 4. 98 | 12. 50 | 1. 21 | 动态 |
| 磐信（上海）投资中心、天津进鑫投资合伙企业 | 12. 92 | 6. 20 | 14. 50 | 1. 85 | 静态 |
| 平安银行股份有限公司 | 5. 53 | 4. 40 | 13. 80 | 2. 02 | 静态 |
| 厦门农村商业银行股份有限公司 | 22. 00 | 3. 80 | 13. 50 | 0. 42 | 静态 |

续表

| 发起机构 | 次级档/% | 发行利率/% | 信用评级 | 发行年限/年 | 资产池状态 |
|---|---|---|---|---|---|
| 上海华振运输有限公司、中信产业投资基金管理有限公司、中信夹层（上海）投资中心（有限合伙） | 20.00 | 7.20 | 14.00 | 3.68 | 静态 |
| 上海品众商业保理有限公司 | 5.00 | 5.28 | 14.50 | 1.30 | 动态 |
| 深圳前海敏恒商业保理有限公司 | 10.20 | 6.50 | 12.50 | 2.03 | 动态 |
| 深圳市分期乐网络科技有限公司 | 8.50 | 5.05 | 15.00 | 2.00 | 动态 |
| 深圳市顺丰合丰小额贷款有限公司 | 10.00 | 6.25 | 14.50 | 2.50 | 动态 |
| 四川锦程消费金融公司 | 11.55 | 4.41 | 14.56 | 1.00 | 静态 |
| 招商银行股份有限公司 | 8.99 | 4.91 | 14.56 | 1.52 | 静态/动态 |
| 喆颢资产管理（上海）有限公司 | 10.00 | 6.41 | 14.43 | 1.44 | 静态 |
| 中航信托股份有限公司 | 14.19 | 7.00 | 14.50 | 1.43 | 静态 |
| 中信银行股份有限公司 | 6.95 | 4.70 | 14.55 | 1.09 | 静态 |
| 中银消费金融有限公司 | 8.03 | 5.08 | 14.76 | 3.08 | 静态 |
| 重庆市蚂蚁商诚小额贷款有限公司 | 8.75 | 5.28 | 14.00 | 1.03 | 动态 |
| 重庆市蚂蚁小微小额贷款有限公司 | 11.59 | 5.09 | 13.91 | 0.96 | 静态/动态 |
| 重庆市小米小额贷款有限公司 | 9.13 | 5.71 | 14.00 | 1.39 | 动态 |
| 加权平均 | 10.42 | 5.17 | 13.91 | 1.19 | |

注：信用评级方面，消费金融ABS多采用分级方式，此处采取量化评分方法分析产品的分层及评级情况，方法采取北大香帅团队的《中国消费金融证券化白皮书》中的方法：AAA = 15，AA + = 14，…

浮动发行利率的转换方式：基准利率的发行当期值+贴水

由于次级档一般是发起机构作为一种内部增信措施而自己持有，因此仅列示次级档，产品的发行利率、信用评级、发行年限均采取优先级的平均值。

资料来源：CNABS，零壹财经·零壹智库。

如表3-9所示，次级档方面，次级占比最高为京东金融的25%；占比最低的是北京京汇小额贷款有限公司，为0。国有及大型股份制银行中，次级档占比最高的是8.99%的招商银行，最低是5.47%的交通银行；持牌消费金融公司的次级档占比多位于10.12%～14.06%，其中，中银消费金融次级档最低，为8.03%。互联网消费金融服务机构中，次级档占比多数位于8.5%～

18.25%，其中，唯品会和拉卡拉支付次级档占比较低，均为5%。

量化优先级信用评级方面，最低分是厦门农村商业银行和湖北消费金融股份有限公司，两者都为13.5分；分数介于14~15的机构最多，共有19家。

平均发行利率方面，最高的是北京正东金控信息服务有限公司，为7.49%，该项目是美利车发行的信托受益权资产支持专项计划。最低的是南京银行股份有限公司，为3.36%。30家机构中，发行利率排名前21家的机构均为持牌消费金融机构和互联网消费金融服务机构，排名后9位的均为国有及大型股份制银行。由此可见，仅考虑发行利率，国有及大型股份制银行的资产证券化融资成本要低于其他发起机构。互联网消费金融服务机构的资产证券化融资成本普遍高于持牌消费金融机构，但蚂蚁金服旗下的两家小贷公司融资成本相对较低。

平均发行年限方面，有7家机构超过2年，有7家机构少于1年，其余16家机构在1~2年。可以看出，大部分机构的ABS发行年限偏向中短期。

资产池状态方面，共有11家机构选择动态资产池，其中有8家互联网消费金融服务机构，2家持牌消费金融服务机构和1家商业银行（宁波银行）；共有14家机构选择静态资产池，其中有6家机构为互联网金融服务机构或与互联网消费金融相关的项目，有3家持牌消费金融公司，其余5家机构均为商业银行；共有4家机构选择动态资产池和静态资产池兼有的模式，其中2家互联网消费金融服务机构（蚂蚁和京东），2家商业银行（招商银行和广发银行）。

⑦场外ABS发行情况

过去几年，消费金融ABS的场内场外交易均呈现迅速发展态势。其中，场内一般是指在上海证券交易所、深圳证券交易所和全国银行间债券市场交易的ABS，门槛较高，审核条件复杂；就发行情况看，以消费金融公司、依托电商的消费金融服务商蚂蚁金服与京东金融等主体为主。

场外ABS交易多指的是金融机构或企业等通过私募方式在场外份额化转让债权的方式，参与主体主要是地方金交所、互联网金融平台等，基础资产可以包括信托受益权、小额贷款应收债权、融资租赁债权、商业保理、票据等。相较而言，门槛较低，流程较便捷，受到市场欢迎，以初创型消费金融服务商为主，如乐信集团、米么金服、中腾信、买单侠等纷纷推出场外 ABS 产品，甚至常态化推出。

由于场外 ABS 缺乏严格的信息披露，以下列示不完全统计的部分场外交易 ABS 情况。

**表 3-10　部分场外交易 ABS 情况**

| 产品简称 | 交易场所 | 基础资产类型 | 发行金额/亿 | 付息频率 | 产品状态 | 原始权益人 | 计划管理人 | 推广机构 |
|---|---|---|---|---|---|---|---|---|
| 湖北 2016-1 | 场外交易 | 个人消费贷款 | 5.97 | 半年付 | 存续期 | 湖北消费金融 | 国金证券 | 国金证券 |
| 京东金条 2016-1 | 场外交易 | 个人消费贷款 | 3 | 季付 | 存续期 | 京东世纪贸易 | 嘉实资本 | 嘉实资本 |
| 锦程 2016-1 | 场外交易 | 个人消费贷款 | 5 | 季付 | 存续期 | 锦程消费金融 | 国金证券 | 国金证券 |
| 小米（中信）2017-1 | 场外交易 | 个人消费贷款 | 3 | 月付 | 存续期 | 小米小贷 | 中信证券 | 中信证券 |
| 拉卡拉 2017-1 | 场外交易 | 个人消费贷款 | 5 | — | 存续期 | 拉卡拉 | 华泰资管 | 华泰资管 |

资料来源：CNABS，零壹财经·零壹智库。

随着场外 ABS 产品的需求升温，消费金融市场上出现了一些基础服务商，包括京东金融的 ABS 云平台、众安保险的宇宙立方 ABS 对接系统、厦门国金的 ABS 云平台、招银前海 ABS 交易系统等。这些基础服务商在提供服务方面有所差异，但基本上既提供交易系统技术支持，又会投资劣后等提供增信服务。

**表 3-11　场内 ABS 与场外 ABS 的区别**

| 区别 | 场内 ABS | 场外 ABS |
| --- | --- | --- |
| 交易场所 | 上海证券交易所、深圳证券交易所、全国银行间债券市场 | 地方金融资产交易所、互联网金融资产交易平台和众多互金平台（P2P 在监管意见下发后，不能进行类资产证券化、债权转让交易等） |
| 风控措施 | 备案制风控严格 | 主控实质性风险，较为灵活 |
| 预期收益 | 收益相对较低 发行<br>流程完善、风控严格 | 相对场内收益较高<br>投资者需一定风险溢价补偿 |
| 融资规模 | 亿元至数十亿元 | 规模相对小 |
| 合格投资者 | 机构，认购门槛 100 万元 | 允许个人投资者，起点相对低 |
| 登记结算地点 | 中证登/中债登 | 多在地方金交所 |

资料来源：据公开资料，零壹财经·零壹智库。

场外 ABS 由于低门槛、灵活性等特点，在近几年受到市场关注。它的特点主要是借道金交所。一方面，地方金交所资产可以在互联网金融平台进行份额化后销售给合格投资者；另一方面，互联网金融平台的资产项目可以在地方金交所挂牌从而达到增信的目的。

场外 ABS 的具体模式体现为发行人将基础资产池设立信托制 SPV 或专项计划，以信托计划或资管计划为载体，将资产支持证券在金交所进行挂牌交易，金交所在从事场外 ABS 业务时，披露债权转让费、担保方等信息。同时，金交所产品对接互联网平台进行销售，这也是金交所发展 ABS 业务的通用模式。

不过，各地方性股权交易中心、金融资产交易所等机构在通常在地方金融办备案，并没有全国性统一的规范。因此，这种业务的风险点在于，场外 ABS 的基础资产质量、品种和产品模式难以界定，评级增信、信息披露标准不统一；在监管上，存在真空地带；如果操作不当，投资者的利益将无法得到保障。

场外 ABS 业务体现了一定的创新性，金交所通过互联网技术，脱离了传统银行间市场和交易所市场，将缺乏流动性的资产转换为便于交易的产品，并通过互联网平台销售，这在一定程度上解决了传统信贷资产证券化资产范围小、融资速度慢的问题，但是其面临的风险爆发及监管收紧的问题值得关注。

⑧小结

2014 年 6 月第一支消费金融 ABS 发行至今，消费金融 ABS 市场经历了井喷式发展，且仍保持增长趋势。现阶段，消费金融 ABS 市场集中度较高，蚂蚁金服旗下两家小贷公司的累计发行金额占市场总发行金额的 58. 82%，2017 年发行金额 2635. 1 亿元，占比达到 59. 94%。受“现金贷”相关政策影响，以小额贷款作为底层资产的 ABS 发行将受到限制，发行规模有所下降，市场整体发行量在 2017 年 12 月出现拐点，头部企业影响较大。

随着中国经济去杠杆化的步伐，信贷规模将受到管控，尤其是居民部门杠杆水平快速增长的态势已经被监管层注意，接下来，居民的借贷行为会被进一步规范。因此，消费金融领域的需求难掩，但发展步伐将大为放缓，消费金融的资产证券化发展也将进一步得到规范，此前的井喷式发展将难以为继。

消费金融领域资产证券化发展暴露的一大问题是各个发行市场分割，监管不统一，监管存在空白。现阶段，从整体资产证券化市场的发展来看，这一局面有望得到纠偏。

2018 年 2 月 14 日，央行发布了《2017 年第四季度中国货币政策执行报告》，报告对资产证券化提出了新的监管展望。其中，在发挥信贷政策的机构引导作用方面提出要完善资产证券化市场运行机制，统筹推进资产证券化市场发展；关于下一阶段的主要政策思路，报告提出要进一步推进资产证券化工作，统一资产证券化市场的相关保准和规范，推动证券化市场规范化发展。

结合目前金融改革、防范系统性金融风险的大背景，金融领域的监管将进一步理顺并完善，在资产证券化方面，也预示着将由多个市场、多个监管机构分别监管的局面转向统一的监管标准和监管体系。

# 第 4 章

# 消费金融新技术应用

互联网金融发展的重要支撑是大数据及相关技术的崛起与成熟，数据的规模、真实性、有效性、数据的分析应用能力越发成为互联网金融行业的竞争力，消费金融行业也是如此，大数据及技术正在运用于消费金融产业链条的各个环节。

# 4.1 大数据及技术

## 4.1.1 大数据

咨询公司麦肯锡最早在研究报告《大数据：创新、竞争和生产力的下一个前沿领域》中表示："数据，已经渗透到当今每一个行业和业务职能领域，成为重要的生产因素，人们对于海量数据的挖掘和运用，预示着新一波生产率增长和消费者盈余浪潮的到来。"

对于大数据，麦肯锡的定义是数据规模超出传统数据库管理软件获取、存储、管理及分析能力的数据集。

**表 4-1 传统数据库和大数据比较①**

| 项目 | 传统数据库 | 大数据 |
| --- | --- | --- |
| 数据规模 | 以 MB 为基本单位 | 常以 GB，甚至是 TB、PB 为基本处理单位 |
| 数据类型 | 数据种类单一，往往仅有一种或少数几种，且以结构化数据为主 | 种类繁多，数以千计，包括结构化、半结构化和非结构化的数据 |

① 参考（1）方巍，郑玉，徐江．大数据：概念、技术及应用研究综述［J］．南京信息工程大学学报，2014，6；（2）彭宇，庞景月，刘大同，彭喜元．大数据：内涵、技术体系与展望［J］．电子测量与仪器学报，2015，29（4）。

续表

| 项目 | 传统数据库 | 大数据 |
|---|---|---|
| 产生模式 | 先有模式，才会产生数据 | 难以预先确定模式，模式只有在数据出现之后才能确定，且模式随着数据量的增长不断演化 |
| 处理对象 | 数据仅作为处理对象 | 数据作为一种资源辅助解决其他诸多领域问题 |
| 处理工具 | 一种或少数几种就可以应对 | 不可能存在一种工具处理大数据，需要多种不同处理工具应对 |

根据大数据处理的生命周期，大数据的技术体系涉及大数据的采集与预处理、大数据的存储与管理、大数据计算模式与系统、大数据分析与挖掘、大数据的可视化分析及大数据隐私与安全等几个方面。

从产业链层次上分析①，一般将大数据分解为三层：基础设施层、计算层和应用层。

基础设施层：由 ICT（Information Communications Technology，ICT）资源池构成，可以利用虚拟技术组织为云计算基础设施，这些资源通过特定的服务级别协议提供给上层子系统，资源的分配需要满足大数据需求，最大化系统利用率、能量感知和操作简化等，以实现资源使用的有效性。

计算层：将多种数据工具封装于运行在原始 ICT 硬件资源之上的中间组件中。典型的工具包括数据集成、数据管理和编程模型等。数据集成是从独立的数据源中获取数据，并通过必要的数据预处理技术将数据集合成统一形式；数据管理是指提供数据持久存储和高效管理的机制和工具，如分布式文件系统和 SQL、NOSQL、数据存储等；编程模型实现应用逻辑抽象并为数据分析应用提供便利，典型的编程模型如 MAPREDUCE、DRYAD、PREGEL、DREMEL 等。

应用层：利用编程模型提供的接口实现不同的数据分析功能，包括查询、

① 李学龙，龚海刚. 大数据系统综述［J］. 中国科学，2015，45（1）.

统计分析、数据的聚类和分类等，同时通过组合分析方法开发不同领域的相关应用，如医疗康护、公众部门管理、零售、全球制造和个人位置信息等。

### 4.1.2 大数据技术

**(1) 数据采集与预处理**

大数据的一个特征是数据源多样化，包括数据库、文本、图片、视频、网页等各种结构化、非结构化及半结构化的数据，因此数据采集要进行预处理和集成操作。

具体的数据抽取和集成方式主要包括基于物化或 ETL 引擎方法、基于联邦数据库引擎或中间件方法、基于数据流引擎方法和基于搜索引擎方法。常用 ETF 工具负责将分布的异构数据源中的数据，如关系数据、平面数据文件等抽取到临时中间层后进行清洗、转换、集成，最后加载到数据仓库或数据集市中，成为联机分析处理（OLAP）和数据挖掘的基础。

**(2) 数据存储与管理**

大数据的处理方式分为流式处理和批处理，在批处理方式中，数据首先被存储，随后被分析，Map Reduce 是非常重要的批处理模型，其核心思想是数据首先被分为若干小数据块（chunks），随后这些数据块被并行处理并以分布的方式产生中间结果，最后这些中间结果被合并产生最终结果，Map Reduce 被广泛应用于生物信息、Web 挖掘和机器学习中。

大数据的存储和管理软件主要包括文件系统和数据库，较为适用的技术是分布式文件系统、分布式数据库和访问接口以及查询语言，代表性的研究包括分布式缓存、基于 MPP（Massively Parallel Processing，大规模并行处理）的分布式数据库、分布式文件系统、各种 No SQL 分布式存储方案等。

**(3) 大数据计算模式与系统**

大数据计算模式指的是根据大数据的不同数据特征和计算特征，从多样性的大数据计算问题和需求中提炼并建立的各种高层抽象或模型，其出现推动了大数据技术和应用的发展，如上述 Map Reduce 就是一个并行计算编程模型。

典型的大数据计算模式如大数据查询分析计算（系统如 HBase、Hive 等）、批处理计算（系统如 Hadoop、Map Reduce、Spark 等）、流式计算（系统如 Scribe、FLume、Storm 等）、迭代计算（系统如 HaLoop、iMap Reduce、Twister、Spark 等）以及图计算、内存计算等。

例如，大数据查询分析计算模式主要是在数据体量极大时提供实时或准实时的数据查询分析，以满足企业日常的经营管理需求；流式计算是一种实时性的计算模式，需要对一定时间窗口内应用系统产生的新数据完成实时计算处理；迭代计算是图计算、数据挖掘等领域常用的运算模式；内存计算指的是 CPU 直接从内存而非硬盘上读取数据，并进行计算、分析，是对传统数据处理方式的一种加速，适合处理海量数据及需要实时获得结果的数据。

**（4）数据分析与挖掘**

针对大数据环境非结构化或半结构化的数据挖掘，通常需要针对不同特征数据使用特定技术进行挖掘和分析，如针对图片文件的挖掘、针对大规模文本文件的检索和挖掘等。

大数据数量和复杂度的提高使得对其探索、分析和理解的难度加大。传统的解释方法显然已经不可行，常用的方法是可视化技术和人机交互技术。

# 4.2 人工智能

## 4.2.1 概念界定

人工智能（Artificial Intelligence，AI），是计算机学科的一个重要分支，其由 McCarthy 于 1956 年在 Dartmouth 学会上正式提出，当前，被人们称为世界三大尖端技术之一。

人工智能的定义至今尚未统一，McCarthy 认为，人工智能就是要让机器的行为看起来像人所表现出的智能行为一样。我国《人工智能辞典》将人工智能定义为“使计算机系统模拟人类的智能活动，完成人用智能才能完成的任务。”

我们可以将人工智能概括为研究人类智能活动的规律，构造具有一定智能行为的人工系统。

从发展来看，人工智能是一门综合性高技术学科，它涉及心理学、认知科学、思维科学、信息科学、系统科学和生物科学等多门学科，随着基础层的云计算、大数据等因素的成熟，人工智能也随之不断进步，已在知识处理、模式识别、自然语言处理、博弈、自动定理证明、自动程序设计、专家系统、知识库、智能机器人等多个领域取得成果，并形成了多元化的发展方向。

目前，我国金融科技公司兴起，人工智能则在金融行业，包括银行、保险、投资理财等领域被广泛利用，如智能投资顾问、股票交易预测、金融支付验证、投资理财推荐、信贷审批等。

## 4.2.2 研究与应用

### 4.2.2.1 人工智能的产业链层次

人工智能的产业链构成[①]分为三个层次，分别是技术支撑层、基础应用层、方案集成层。

技术支撑层主要由算法模型（软件）和关键硬件（AI 芯片、传感器）两部分组成，传感器负责收集数据、AI 芯片（GPU/FPGA/NPU 等）负责运算，算法模型负责训练数据。

基础层应用主要由感知技术和其他深度学习应用构成。感知技术主要用于让机器完成对外部世界的探测，即看懂、听懂、读懂世界，由计算机视觉、语音识别、语义识别构成，是人工智能产品或方案不可或缺的部分。

方案集成是集成了一类或多类基础应用技术的面向应用场景特定需求的产品或者方案，在各类产品中人工智能的比重或有区别，但本质都是让机器更好地服务于我们的生产和生活。

### 4.2.2.2 人工智能的应用[②]

**（1）问题求解**

问题求解是指解决管理活动中由于意外引起的非预期效应或与预期效应之间的偏差。例如，国际象棋程序的出现是人工智能发展的一大成就，即在下棋程序中应用推理，如向前看几步，把困难问题分成一些较容易的子问题。这一技术逐渐发展成为搜索和问题归约等人工智能的基本技术。

搜索策略分为无信息导引的盲目搜索和利用经验知识导引的启发式搜索，决定着问题求解推理步骤中使用知识的优先关系。另一种问题的求解程序是把各种数学公式符号汇编在一起，这种求解程度的性能已达到非常高的水平，并且正在被许多科学家和工程师所应用，甚至有些程序还能够用经验来改善

---

① 详见 36 氪研究院有关人工智能的研究分析报告。

② 参考（1）邹蕾，张先锋．人工智能及其发展应用［J］．理论研究，2012（2）；（2）蔡自兴．中国人工智能 40 年［N］．科技导报，2016，34（15）．

性能。

**（2）专家系统**

专家系统 ES（Expert System）可以看作是一类具有专门知识的计算机智能程序系统，它能运用特定领域中专家提供的专门知识和经验，采用人工智能中的推理技术求解和模拟通常由专家才能解决的各种复杂问题。专家系统是一种智能软件，求解方法是启发式方法，专家系统所要解决的问题一般无算法解，并且与传统计算机程序的不同之处在于，要经常在不完全、不精确或不确定的信息基础上做出结论。一个基本的专家系统主要由知识库、数据库、推理机、解释机制、知识获取和用户界面 6 部分组成，具有代表性的应用是用户与专家系统进行“咨询对话”，方式如同用户与专家进行面对面对话：用户向专家系统咨询提问，专家解释问题、回答问题并提出建议等。

**（3）机器学习**

机器学习（Machine Learning）是研究如何使用计算机模拟或实现人类行为的学习活动，这是继专家系统后人工智能的又一重要应用领域。

学习是一个有特定目的的知识获取过程，它的内部主要表现为新知识结构的不断建立和修改，外部表现为性能的改善。一个学习过程本质上讲是学习系统把导师（或专家）提供的信息转换成能被系统理解并应用的形式的过程。按照系统对导师的依赖程度可将学习方法分类为：机械式学习（Rote learning）、讲授式学习（Learning from instruction）、类比学习（Learning by analogy）、归纳学习（Learning from induction）、观察发现式学习（learning by observation and discovery）等。此外，近年来又发展了基于解释、事例、概念、神经网络的学习和遗传学习等学习方法。机器学习是使计算机具有智能的根本途径，也有助于发现人类学习的机理和揭示人脑的奥秘。

**（4）神经网络**

人工神经网络（Aficial Neural Network），是一种由大量的节点（或称神经元）和相互之间进行联接而构成的运算模型，是对人脑或自然神经网络一些基本特性的抽象和模拟。人工神经网络的目的在于模拟大脑的某些机理与机制，从而实现某些方面的功能。

人工神经网络是仿真研究生物神经网络的结果，是为了获得某个特定问题的解，根据所掌握的生物神经网络机理，按照控制工程的思路及数学描述方法，建立相应的数学模型并采用适当的算法而有针对性地确定数学模型参数的技术。人工神经网络具有很强的自主学习能力，可以不依赖于“专家”头脑而自动从已有的实验数据中总结规律。因此，人工神经网络擅长处理复杂多维的非线性问题，不但可以解决定性问题，也可以解决定量问题。

**（5）模式识别**

模式识别是用计算机代替人类或帮助人类感知外界的一种模式，即让计算机系统能够模拟人类通过感觉器官对外界产生各种感知能力，这些感知能力可以概括为听觉、视觉、触觉等。

较早的模式识别研究集中在对文字和二维图像的识别领域。20 世纪 60 年代中期，机器视觉方面的研究工作转向解释和描述复杂的三维景物这一课题。接着，机器识别研究进入识别更复杂的景物和在复杂环境中寻找目标及室外景物分析等方面。近年来研究的热点是活动目标，如飞行器的识别和分析，这是模式识别从景物分析走向实用化研究的一个标志。语音识别技术研究始于 20 世纪 50 年代初期，20 世纪 70 年代各种语音识别装置相继出现，如能够识别单词的声音识别系统。

我国的智能语音技术逐步深入，并在智能金融、智能家居、汽车电子等领域快速发展。2013 年，科大讯飞以 54.2%的市场份额在国内处于领先地位，2015 年，科大讯飞跻身全球排名前五，占有中文语音技术 70%的市场份额。

在机器视觉方面，我国在虹膜识别、指纹识别、人脸识别等方面已经取得了一定成果，如中国科学院自动化研究所建立了虹膜识别比较系统的计算理论和方法体系，并建成目前国际上规模最大的共享虹膜数据库。人脸识别则在金融系统身份验证等方面被广泛运用。

**（6）人工生命**

人工生命（Artificial Life，AL）由美国圣菲研究所非线性研究组的计算机科学家 Christopher Langton 在 1987 年于 Los Alamos National Laboratory 召开的“生成以及模拟生命系统的国际会议”上率先提出，主要指的是通过人工模拟生命系统来研究生命。AL 的概念主要包括两方面内容：计算机科学领域的虚拟生命系统，主要涉及计算机软件工程和人工智能技术；基因工程技术人工改造生物的工程生物系统，主要涉及合成生物学技术。

相比传统的人工智能和神经网络，人工生命在理论和方法上都有很大区别。人工生命主要是通过计算机仿真生命现象去体现自适应机理，对相关非线性对象进行更真实的动态描述及动态特征研究。人工生命学科主要包括仿生系统、人工建模与仿真、人工生命的计算理论、进化动力学、进化与学习综合系统以及人工生命的应用等研究内容。比较典型的人工生命研究包括计算机病毒、计算机进程、进化机器人、自催化网络、细胞自动机、人工核苷酸和人工脑等。

# 4.3 大数据、人工智能的应用——信贷业务精细化分析与管理

大数据及技术、人工智能等正在渗透至消费信贷业务的每一个环节，包括前端获客、精准营销、审批放贷、贷后管理、客户流失分析等。

## 4.3.1 大数据及技术在消费金融中的应用

### （1）精准营销

大数据最开始的应用就是精准营销。从金融行业来看，20 世纪 60、70 年代开始，欧美发达地区的银行就已经采用了大数据分析的思维开展用户的营销活动。例如，银行先圈定一批大样本用户，以寄送邮件、拨打电话等方式对用户进行普适性的经营活动；同时采集首次营销活动后的用户相应数据，建立用户响应分析模型，寻找不同用户群体的响应规律，并建立用户响应模型；之后，再对用户进行精确营销，以提升营销效果。

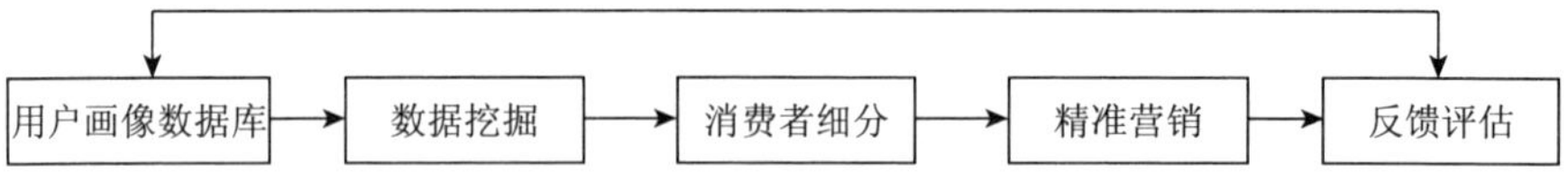


**图 4-1　精准营销流程**

资料来源：零壹财经·零壹智库。

随着互联网金融的快速发展，数据分析的重要性被大大重视，例如，通过大数据分析对用户进行画像，根据用户特征为用户提供理财类产品的销售推荐；基于信贷类产品的数据为用户推荐理财产品，展开交叉销售等。

**（2）客户准入（授信审批、定价和额度管理）**

20 世纪 50 年代，欧美银行业基于申请贷款用户的基本信息、产品信息、风险缓释信息等数据，开发了针对零售信贷业务的评分卡和非零售业务的评级模型，对贷款用户的信用风险等级进行自动化定量化的评定，并且在信用等级和信用评分的基础上将专家经验和自动评分、自动决策相结合，展开一种人工+自动化的授信审批方式。

目前我国的智能信贷业务也利用类似的形式，既利用专家经验，同时也注重大数据的分析与挖掘。

例如，首先通过各类强变量（主要指金融交易数据，如借贷等）、弱变量（主要指金融交易之外的其他数据，如消费行为、地位位置、社交通信等数据）的整合与分析，更加精准地评估信用记录空白或记录较少用户的信用水平。

利用系统自动申贷，对用户进行进一步验证，并用计算模型对用户的还款能力、还款意愿等进行评估，设定用户的贷款额度和利率。

在这一环节，利用人工智能模式识别、知识图谱技术等对用户进行身份验证、欺诈监测；同时利用深度学习、神经网络技术等进行预测分析等，减少人工干预，以提高效率与准确性。

**（3）贷后监控和预警作用**

在贷后管理方面，可以借助多维数据对借款用户的信息进行及时监测与更新，关注借款用户的贷后表现，甚至识别潜在风险。同时，对借款用户及时进行还款提醒，包括自动采用电话、短信、APP 消息推送、邮件分发等形式提醒。

例如，大数据在银行用户贷后风险预警体系的应用包括用户风险预警、用户群风险预警、风险传染预警等；如建立用户的大数据信息监测库，动态抓取涉及用户的各类外部信息，并进行分类识别；同时建立信息索引库，监测用户风险特征变化等。

**（4）反欺诈领域应用**

信贷业务的欺诈主要包括申请欺诈和行为欺诈，申请欺诈主要包括用户的身份不真实、申请资料填写不实等，因此，申请反欺诈可以利用大数据技术，如反欺诈知识图谱，通过对提取的信息进行交叉对比验证，判断用户身份的真实性。

行为欺诈主要是指用户在审批准入之后，在交易中的欺诈行为，如账户盗用、不实交易等，可以通过对用户行为数据的监测判断其是否存在欺诈，如分析用户的登录 IP、设备序列号、Cookie 等信息，以此进行判定。

总的来说，可以利用用户的社交关联、行为信息、位置信息、生活习惯、交易记录等多维度的数据，通过大数据及处理技术识别可能存在的欺诈风险。

**（5）贷款催收应用**

零售信贷业务，主要是利用大数据及分析进行失联用户的关系重建。例如，可以在用户逾期后，根据多方面的数据，包括常用联系人信息、物流配送信息等，判定借款人的位置、状况，以建立联系。

同时，还可以在催收策略、催收评分等方面利用大数据及分析挖掘技术。例如，对逾期用户进行分组，并设计不同的催收方式，目的是将合适的催收工具手段与不同的风险状况进行匹配，以达到降低催收成本、提升催收效率的目的。

**（6）用户留存流失分析**①

与用户的精准营销相对应，在零售信贷业务开展过程中，还可以通过数据分析用户的留存情况与流失情况。在进行归因分析的同时，根据用户特征进行产品及服务的创新，目的是提高产品及服务的覆盖度、增强用户的黏性，延长用户在平台的生命周期。

**（7）其他应用**

除在信贷业务关键环节中的应用外，在其他环节，大数据及技术也有所运用。目前，诸多平台提供消费金融业务中资产资金对接的服务，例如，根据用户特点和借款特点，自动匹配相关的资金提供方，为用户快速提供最合适的资金渠道；利用云计算等技术，对有证券化需求的消费债权进行纯线上

① 朱良平．大数据在银行信贷业务中的应用实践及建议［J］．中国金融电脑，2015（12）．

的自动化获取、过滤、处理、推送、管理，建立安全、标准、合规的资产池，并快速进行资产证券化等。

另外，智能客服也是一类应用，在这一环节，主要运用自然语言处理技术提取用户意图，通过知识图谱构建客服机器人的理解和答复体系等，从而帮助平台节省人力客服成本。

**表 4-2　大数据及人工智能在信贷业务链条中的具体应用**

| | 应用 | 技术支撑 |
|---|---|---|
| 精准营销 | 通过大数据分析对用户进行画像，根据用户特征为其提供理财类产品的销售推荐；基于信贷类产品的数据为用户推荐理财产品，展开交叉销售等 | 大数据分析挖掘与处理 |
| 反欺诈 | 利用大数据技术，如反欺诈知识图谱，对提取的信息进行交叉对比验证，判断用户身份真实性；在用户审批准入后，通过对用户行为数据的监测判断是否存在欺诈 | 大数据分析挖掘与处理 |
| 客户准入（授信审批定价额度管理） | 整合数据精准评估信用记录空白或记录较少用户的信用水平；利用系统自动审贷，对用户进行进一步验证，并用计算模型对用户的还款能力、还款意愿进行评估，设定用户的贷款额度和利率 | 利用人工智能的模式识别、知识图谱技术等对用户进行身份验证、欺诈监测；利用深度学习、神经网络技术等进行预测分析 |
| 贷后监控和预警 | 监测与更新借款人信息，关注其贷后表现，识别潜在风险；对用户进行还款提醒，包括自动采用电话、短信、APP 消息推送、邮件分发等形式 | 大数据分析挖掘与处理 |
| 贷款催收 | 利用大数据及分析进行失联用户的关系重建；可以在催收策略、催收评分等方面利用大数据及分析挖掘技术，如对逾期用户进行分组，设计不同的催收方式，目的是将合适的催收工具手段与不同的风险状况进行匹配 | 大数据分析挖掘与处理 |
| 用户留存流失分析 | 通过数据分析用户的留存情况与流失情况，进行归因分析，同时根据用户特征进行产品及服务创新 | 大数据分析挖掘与处理 |

资料来源：零壹财经·零壹智库。

### 4.3.2　技术+消费信贷的特点

**（1）数据处理自动化**

新一批崛起的消费金融服务商，无一例外都在借助大数据及技术的力量。伴随着大数据及技术的不断升级进步，信贷业务的处理开始自动化、智能化，这一变化已经渗透至传统金融机构的业务开展中，如银行信用卡业务、消费金融公司的服务等。

**（2）申请办理便捷化**

新兴的消费金融服务商正在极大地冲击银行网点办理业务的模式。用户申请贷款不需要准备大量的纸质材料去门店申请，而是在线上填写所需信息，并且利用大数据分析验证身份、核实信息；也可以通过人工智能的模式识别，如虹膜识别、人脸识别、指纹识别等方式远程验证用户身份，并在信用评估、风险定价之后，为用户授信、确定额度及利率。整个流程对于用户来讲，更加便捷迅速，我们在前面列举了此前“现金贷”产品的业务特点，众多平台比拼用户体验，其中一个指标就是用户申请方便、审批迅速。

**（3）审批处理高效化**

新兴的消费金融服务商借助 IT 技术系统、移动通信处理技术、高速的计算系统等能够快速处理大量的借贷审批，且减少借贷申请的流程；有些甚至能做到 7×24 小时服务，处理非常高效。

上述各项技术的成熟，推动了目前纯线上小额信贷服务商的崛起，这种业务类型是传统信贷服务商线下处理所不能胜任的。

**（4）信息更加透明**

对用户来讲，由于信贷业务的开展正在迁移至线上，各类信息都可以查询到，信息更加透明公开，用户可以就公开信息对比选择，并申请适合自己的产品与服务。当然，与之对应的问题是，诸多新兴服务商常常损害金融消费者的权益，尤其是损害借款用户对借款成本的知情权等，例如，服务商往往以一种复杂的、模糊的方式告知用户借款成本，而多数情况下用户基本难以准确辨认。

另外，各类信息在目前大数据技术水平，尤其是存储技术的升级下，可以被合理存储及分析应用，并能便捷查询。这对于对接消费金融资产的资金方来讲，也有利于尽调。

整体来看，信息更加透明是一方面，另外，个人信息泄露也是一个严重隐患。

**（5）价格趋于低廉**

从理论上看，线上信贷业务相较于传统线下网点的业务模式，减少了大量的人力和物力成本，传导至金融消费者，所需要承担的借贷成本会趋于降低。就目前的诸多消费金融服务商来看，他们整体偏轻资产化。以蚂蚁金服为例，借呗、花呗业务条线只有 60 多人。如果服务商降低了服务成本，那么意味着用户在一定程度上能够享受价格更加优惠的服务。不过这只是假设，并且是一个长期目标，就现阶段市场上大多数的服务商来看，迫于各类运营因素制约，他们为用户提供服务所收取的费用并不低。

### 4.3.3 大数据及技术带来的消费信贷变化

**（1）对信贷分析方法的影响**

在信贷业务中，金融机构的传统做法是由专家基于经验对个人信用进行判断，并由此形成了“5C”评价法，但存在的问题是过度依赖专家的经验，训练成本高，主观性和随意性强。与此同时，个人信用评分模型开始出现，即利用数学模型，根据已经掌握的用户信息，对信用情况做出判断。

目前，大数据及技术、人工智能（如专家系统、神经网络）等逐渐介入信贷分析，这在精确性、效率方面有了极大提升；但不可否认，存在的一点问题是“黑箱化”特征明显，即分析结果精确度较高但解释性相对较差。

**（2）对信贷管理效率的影响**

人工的效率永远不如机器，大数据时代，各类消费金融服务商利用云计算、人工智能等技术分析和管理信贷业务，带来的效率的提升可能是几何倍数的增长。

例如，传统意义上，商业银行的客户经理维护几十个客户已经是极限，且在授信资金发放之后需要定期进行贷后检查等，这将消耗客户经理大量的时间和精力。目前，一些利用新兴技术的消费金融服务商则每天可以处理大量的借贷申请，效率得以极大提升。

**（3）对信贷结构的影响**

大数据时代的消费信贷业务，主要面对的用户群体是“薄信用”人群，即信用记录空白或者信用记录较少的人群，为他们提供服务，相当程度上提高了信贷业务的普惠性和可得性，大量不能享受传统金融机构服务的人群得到金融服务，改变了以往的信贷结构。

尽管这种情况在当下还存在一些问题，如“薄信用”群体的信用情况尚未得到时间验证，短期内爆发了信用风险。对消费金融服务商来讲，则面临着较大的资产坏账压力。

**（4）对信用体系建设的影响**

我国的征信体系不完善是目前的一个共识，如信息采集及使用方面，存在数据难采集、难辩伪、难追踪、难评价，数据维度不够全，共享机制不健全等问题。而数据是征信行业的核心资产，随着大数据的热潮，我国征信行业也迎来了一些改变，大数据及技术发展给征信行业带来了一些机遇，如信息来源更加广泛、信息内容维度更多、各类信息的存储及分析能力大大提高等。尽管由于监管体系不健全，诸多市场化的从事征信及相关服务的公司还在不断创新探索、迎合监管需要，且尚未得到监管认可，但大数据等的应用及理念已经较为普及，这也成为促进征信体系的建设步伐加快的深层次力量。作为金融服务的基础设施，征信行业的创新及发展将推动消费信贷的快速发展。

### 4.3.4 小结

各类新兴技术在消费金融领域的发展是必然趋势，而任何一项技术都似乎难逃技术成熟度曲线①显示的那种发展演变历程。

大数据及技术在我国已经过了初始阶段媒体过度曝光致技术尚未成熟就被大肆渲染、受到高度关注被推到了发展顶峰期，并引来大量投资的阶段。目前，正处于随着技术再一次不断提升和应用场景的成熟而开始真正落地及普及的阶段；如同上文所述，在信贷风险管控领域、精准营销领域已经进行了诸多有益的实践，但大数据及技术在我国还远未到发展成熟、可以大规模商业化的阶段。从较为宏观的层面看，大数据及技术还将伴随工业化的升级而大有发展。因此，我们需要关注发展中存在的问题，也更需要关注这种技术带来的创新和变革，以及对生产力的大力提升。

关于人工智能中的机器学习技术，Gartner 公司于 2017 年发布的技术成熟度曲线提到，中国和全球度处于期望膨胀的高峰期。这种技术会在自动化领域、药物研究、客户关系管理、供应链优化、预见性维护、操作效能、反欺诈、自动驾驶、资源优化等领域展现大量的商业和社会场景。

我们有理由期待这些技术对行业带来的冲击和变革。

---

① 技术成熟度曲线（The Hype Cycle）又叫技术循环曲线，或者炒作周期，是指新技术、新概念在媒体上曝光度随时间的变化曲线；诞生于硅谷。1995 年开始，高德纳（Cartner）咨询公司分析预测与推论各种新科技的成熟演变速度及要达到成熟所需时间，并分成 5 个阶段，即技术诞生触发期（Technology Trigger）；期望膨胀的峰值期（Peak of Inflated Expectations）；泡沫破裂的幻灭期（Trough of Disillusionment）；稳步爬升的复苏期（Slope of Enlightenment）及实质生产的成熟期（Plateau of Productivity）。

# 第 5 章

# 成熟市场经验与启示

相较诸多发达国家和地区，我国消费金融行业的发展历程较为短暂，也尚未经过经济周期的洗礼。因此，本章内容主要分析发达国家和地区消费金融行业的发展历程、曾面对的风险和危机以及应对方式，目的是能够为我国消费金融行业的发展提供一点启示和借鉴。本章内容重点选取了发展历史悠久、消费信贷体系完善、服务高效的美国以及经济背景和中国较为相似的日韩和台湾地区。

# 5.1 美国消费金融行业

美国是目前消费金融产业最发达的国家，也是最早诞生消费金融形态的国家之一。美国消费金融行业的发展一直贯穿于整个美国历史，并随着美国经济的发展迭代升级。

## 5.1.1 美国消费金融行业发展历程

**(1) 20 世纪 17 世纪初至 19 世纪末——消费信贷的初级形态**

17 世纪初期，从英国出发到美洲大陆的船费是分期支付的，这属于最早的消费金融形态。

1807 年，纽约一家家具店 Cowperthwait&Sons 首次使用分期付款信贷，此后，耐用消费品的零售商开始纷纷采用分期付款方式。

1898 年，匹兹堡城市居民每 11.6 人中就有 1 个人在当铺里当有物品，典当行随着城市化发展开始流行。

1907 年，纽约市的小额放贷机构数量为 70 个，小额贷款发放者成为 20 世纪中产阶级信贷制度中最大的现金放贷者。

1919 年，通用汽车金融服务公司成为首家为中产阶级购车者提供信贷服务的公司，汽车消费信贷开始进入公众视野。

**（2）20 世纪初至 20 世纪 60 年代末——消费信贷的蓬勃发展**

1910 年，摩利斯银行成为第一家向消费者提供中小型消费贷款的商业银行。

1930 年至“二战”前夕，经历大萧条后银行大力发放消费贷款，美国消费信贷规模一度达到历史高峰。

“二战”期间，为保证军需和抑制通货膨胀，美国先后实施了三次消费信贷控制。

“二战”后，政府为发展经济，再次刺激个人消费需求，消费信贷余额从 1946 年的 97.8 亿美元上升到 1969 年的 1292.3 亿美元。

1949 年，美国餐饮俱乐部 Diners Club 发行了餐饮消费信贷产品——双方卡，消费者持卡可在餐厅进行消费。

1951 年，富兰克林国民银行发行了首张信用卡，随后，美国银行发行了 BankAmericard（Visa 卡的前身），曼哈顿银行发行了 MasterCharge（Mastercard 的前身）。

1969 年，美国各类征信公司总数达 2200 家，欺诈现象的频出推动了征信行业的发展。

**（3）20 世纪 70 年代初至今——消费信贷的变革与衍化**

20 世纪 70 年代初，为限制金融有人过度竞争，监管机构开始对金融业实施严格监管，导致金融机构资金成本急剧上升，消费信贷利润快速下滑。

1980 年，美国政府出台《存款机构放松管制和货币控制法案》，开始放开对消费信的利率管制。

1980 年后，美国开始授权房屋净值贷款、多种利率的消费贷款组合，多样化贷款产品层出不穷。

1982—1985 年，储贷协会、商业银行、信用社等消费信贷规模均大幅度上升，各级融机构积极拓展业务范围。

1985 年，全美共有金融公司 1738 家，几乎为 1975 年一半的数量，并购风潮大规模涌现。

1987 年 10 月 19 日，股市暴跌导致的金融危机使消费信贷进入低潮期，直到 90 年代末才重回增长。

1994—1995 年，银行的信用卡贷款量大幅回升，同比增长 77%，其他消费信贷在 1990—1995 年则增长了 19%。

20 世纪末期，消费信贷二级市场诞生，以消费信贷基础资产为担保发行的证券占比不断上升，2002 年达到顶峰，占比 31.5%。

2008 年金融危机爆发后，由次贷引发的住房抵押贷款规模大幅度萎缩，此类证券的市场份额急速下跌，到 2014 年仅剩 1.5%。次贷危机发生时，政府积极担当起救市重任，直接接入消费信贷市场，成为消费金融市场新的供给主体，所占市场份额迅速上升，达到 25%。

### 5.1.2 金融危机对美国消费金融的影响

美国次贷危机对信用卡市场的影响有多个方面，第一，随着次贷危机的发展，房屋抵押贷款出现问题的信用卡持卡人在财务状况不断恶化的情况下，偿债能力下降，信用卡违约及坏账概率相应提升；第二，随着次贷危机不断恶化，并向实体经济蔓延的过程中，相关公司开始经营困难，因此不得不减薪、裁员等以减少成本开支。在这种举措的传导下，那些没有房屋抵押贷款的信用卡客户等也由于收入减少或失业而无法还款；第三，由于资金紧缺，周转困难，消费者开始加大信用卡支付，在这一过程中，信用卡新增的交易中蕴藏着较高的到期拖欠或者坏账风险。

随着次贷危机的影响面越来越广泛，美国的消费信贷从高位同比下滑趋势明显。美联储 Household Finance 数据显示，截至 2009 年 9 月，一般消费信贷总额为 2.46 万亿美元，同比下降 4.75%，但总量仍比较庞大。其中，用于信用卡消费等方面的循环性信贷同比下降 8.84%，用于教育、休假、耐用消费品和汽车等方面的非循环性信贷同比下降 2.89%。

同时，消费信贷不良资产急剧上升，不良率创历史新高。消费信贷的利率也有所提高。与其他消费信贷贷款利率下调相比，美国银行业调高了信用卡贷款利率。尽管美联储将基准利率已下调至 0~0.25%，但由于信用卡发卡银行余额50%的贷款资金来自证券化的私人资本，金融危机使得筹资困难且成本昂贵，因此转嫁至消费者。这也导致信用卡贷款违约率随之上升。

美国金融危机对消费金融行业造成了强烈冲击，消费金融资产长期质量不佳。美国金融消费市场，尤其是信用卡市场已成为仅次于次贷的“毒债”。

### 5.1.3 危机缘由

美国金融危机的深层次原因是金融监管体制的问题。

美国是一个联邦制国家，联邦和各州根据宪法实施分权监管，联邦政府只拥有宪法中规定的有限权力，宪法没有列示清楚的权利都属于各州或者人民。在金融监管中，美国联邦政府和各州分享着金融监管权力，从而形成了一个“双轨分业多头制”的金融监管体系。

这一体系体现在以下几个方面：第一，联邦和各州根据注册地和所依据的注册法律为划分标准，分别对在联邦和州注册的金融机构进行监管。因此，除去美国财政部下设的货币监管总署（OCC），各州政府也都设立了银行监管机构对依据本州法律注册的金融机构进行监管；第二，联邦和各州对金融的监管实施分业制，对银行业、证券业及保险业分别进行监管；第三，联邦和各州都有多个机构在各自的职能范围内进行监管。

美国监管体系当时出现的问题是各类监管机构的权限划分并非泾渭分明，而是存在着交叉。这种情况使得监管机构之间存在竞争关系，金融监管机构总是倾向于尽力维持自身的监管范围，同时侵入和削减其他监管机构的势力范围。同时，这种监管体系使监管机构数量庞大、功能重叠，加之监管机构权力分散缺乏协调，因此经常会出现“监管重叠”“监管真空”的问题，套利空间随之出现。例如，从监管严格的市场转移到监管较为宽松的市场，以规避或者部分规避监管而获利。

这种监管体系缺乏权威性和协调性，例如，没有任何一家金融监管机构拥有监控市场系统性风险的能力；而且在面对问题时，各个金融监管机构之间缺乏必要的协调沟通。

回到美国金融危机的直接和关键因素上来。危机前，美国对住房抵押贷款证券化的监管非常不严密、不健全，如市场准入、运行过程、风险防范等均未有完善的监管。而住房抵押贷款资产证券化这种随之产生的金融衍生工具的失控，直接导致了系统性风险的爆发。

美国金融危机的爆发还引发了金融创新与金融系统性风险的关联研究。研究表明，监管体制失灵下，金融创新往往导致金融系统性风险。

### 5.1.4 危机应对措施

危机爆发后，经过一段时间的酝酿，美国时任财长保尔森于 2008 年 3 月 29 日正式公布了一份长达 212 页、名为《现代金融监管机构蓝图》的金融监管改革计划，首次启动了对美国金融监管系统的改革。这一蓝图把金融监管体制的改革分成短、中、长期三个目标来实现。其中，短期目标是着眼于美国住房抵押贷款金融市场的监管缺失问题，加强机构之间的合作；中期目标是指出美国金融监管体制中的监管重叠，提高对金融体系监管的有效性；长期目标是构建最优的金融监管架构，提高美国金融业的竞争力。

2009 年 3 月 26 日，美国财政部公布了《金融监管改革框架》，其中提出了四大改革内容，即解决系统性风险、保护消费者和投资人的利益、消除监管空白、促进国际监管规则协调一致。

2009 年 6 月 17 日，奥巴马政府公布金融改革白皮书《金融监管改革——新基础：重建金融监管》，其中提出金融监管机构改革的目的有五个方面，包括推动金融机构建立强有力的监管秩序、建立全方位的综合监管机制、保护在金融机构的弱势群体不受到金融危机较大的影响、提高金融监管机构的效率、尝试建立一个国际监管体系，通过国际合作加强金融监管的抗压性。

白皮书中改革建议包括以下几个方面：第一，扩大美国联邦储备委员会的监管职权，使其成为“市场稳定监管者”“系统风险监管者”；第二，成立金融服务监管委员会（FSOC），以监视系统性风险，同时促进跨部门合作；主要职能是帮助填补监管空隙、进行政策协调和争端解决、识别金融机构及市场行为的潜在风险、对美联储的监管业务进行监督、指导，实现金融监管机构之间的制衡等；第三，设立金融消费者权益保护机构（CFPA），保护消费者和投资者免受不当金融行为损害。它的职能是落实消费者保护法规，通过强化对金融产品及服务以及金融产品及服务提供商的监管，促进公平竞争，保护消费者权益；第四，赋予政府应对金融危机所必需的政策工具，必要时政府可以对大型银行控股公司进行破产和救助，以避免政府为是否应救助困难企业或者让其破产而为难。

2009 年 12 月 11 日，美国众议院通过《2009 华尔街改革与消费者权益保护法案》，内容包括成立金融服务家督委员会，提高对公司审慎监管的力度和促进金融稳定等八部分内容。

2010 年 5 月 20 日，美国参议院通过《恢复美国金融稳定法案》，主要内容包括设立消费者金融保护局，保护消费者的知情权；成立金融稳定监管委员会，维护金融系统稳定；赋予美联储权力，禁止金融控股公司从事威胁整个金融体系稳定的业务，如果银行并购后的负债超过美国银行体系资产的 10%，将禁止并购等。

2010 年 7 月 15 日，美国金融监管改革法案最终通过，即《多德—弗兰克方案》最终通过，并正式成为法律。

《多德—弗兰克法案》的核心内容包括加强对金融消费者的保护；重组监管机构和监管功能以解决系统性风险问题，设立金融稳定监管委员会（FSOC）；预防具有系统重要性机构“大而不倒”问题；加强对场外衍生品市场的监管；加强对金融机构高管的监管；强化对投资者的保护以及建立新的协调机制等。

《多德—弗兰克法案》给美国的金融业、金融机构等带来的影响重大，同时仍然存在一些问题。尽管如此，美国的金融危机及金融体制改革都需要我们吸取教训并借鉴经验。

# 5.2 日本刷卡风暴

日本消费金融的发展源于市场自身的需求，具有较强的内生性特征。日本政府主要通过建设完善基础设施来间接推动行业发展，并通过立法实施监督。日本消费金融的参与机构从最初开展分期付款业务的百货公司、单品分期付款的信贩公司，逐步到小额信贷公司和开设消费金融部门的企业，再到专门的消费金融公司和开始信用卡信贷业务的商业银行。日本大约有 1/3 的发卡主体为流通企业和制造业旗下的信用卡公司，还有其他类型的公司，包括航空公司、铁路公司、石油公司等，此外，还有数量众多的消费金融公司。

## 5.2.1 日本消费金融的发展历程

日本的消费金融市场兴起于第二次世界大战之后，在亚洲地区起步较早。目前，日本的消费金融市场已经比较成熟，发展历程可以分为导入期、扩大期及调整成熟期几个阶段。

**(1) 导入期（20 世纪 50 年代初至 60 年代中期）**

日本的消费金融兴起于 20 世纪 50 年代中期的分期付款业务。

1950 年，“绿屋”“丸井”等百货商店率先开展按月分期付款的消费信贷服务。之后，日本汽车工业和电器产业迅速发展，汽车、电器等产销商为了拓展市场，自发产生消费信贷服务，松下等企业还设立了专门的消费金融部门，以满足消费者需求。同时期，日本出现专营消费金融的“信贩公司”，与商家合作建成了统一经营消费金融的商业企业协会。

20 世纪 50 年代末至 60 年代，出现了日本信贩、三洋商事等为工薪阶层提供小额贷款的非银行金融公司。

1960 年，丸井百货商店改“月付”为“消费信用”，并逐渐被消费者接受。1961 年，日本政府制定了“分期付款销售法”。1963 年，日本信贩公司开发出单品分期付款服务，这是现在单品分期付款的基础。

1961 年，日本征信所（现 JCB）作为日本第一个专门的信用卡公司宣告成立，并以最大公司的姿态发展至今。随后，银行开始设立自己的信用卡公司。

**（2）扩大期（20 世纪 70 年代到 90 年代）**

这一时期行业的主要特点表现在流通系列信用卡的扩大及国际化。

1976 年，西武百货商店收购“绿屋”，建立了“西武信用”（也就是现在日本流通系列中发卡量最大的世尊信用卡公司），随后发行了集团统一的世尊卡。之后，许多与信贩公司合作的百货商店也陆续开始发行本公司的信用卡。

1980 年，日本住友信用服务公司与 VISA 共同成立“VISA 日本”，根据特许经营制度，各地方银行的子公司开始发行 VISA 卡。随后，万事达和美国运通也进入日本，银行系信用卡发行开始带有国际化特点。

伴随 1980 年后期日本泡沫经济的形成，消费金融公司的主业从小额无担保贷款逐渐转为以大额有担保贷款为主，贷出资金大部分流向了房地产市场或股市。另外，各大银行业开始重视并积极布局消费金融业务。

20 世纪 90 年代，信用卡使用范围迅速扩大，流通系信用卡开始通过收集客户信息进行市场营销，并开展了积分等优惠措施吸引消费者。同时，小额商品的单品分期付款开始减少，用户主要用于大额商品和服务消费。消费金融公司还开发了无须面签的自动贷款申请机，并投放了大量商业广告进行宣传。

**（3）调整成熟期（20 世纪 90 年代至今）**

这一阶段主要是伴随经济环境和消费金融市场的变化，日本政府对消费金融制度进行重建和修订，引导整个消费金融市场走向成熟。

20 世纪 80 年代末 90 年代初期，日本泡沫经济崩溃，消费金融市场受此冲击也开始重新整合。

同时，信用卡公司、消费金融公司的业务过度扩张带来的过度贷款也造成了多重债务者及破产者的增加，2000 年中期开始这成为一大社会问题。日本金融厅为此引入了非常严格的规章制度。

2006 年，日本对《关于规制贷款业的法律》进行重大修改，并更名为《贷款业法》，对贷款利息和信贷总额都做出了限制，成为目前规制贷款业行为的重要法律之一。同时，还根据该法规定成立了日本贷款业协会，以作为金融监督部门指定的“纠纷解决机构”，保护金融消费者的合法利益。

之后，消费金融公司的市场份额逐渐减少。2010 年，日本最大的消费金融公司武富士宣布破产。它所代表的日本高利贷和暴力催收盛行的时代逐渐结束。

日本在消费金融发展过程中，痛苦地经历了不良大面积上升、监管加强、处置不良的各个阶段。目前，日本的消费金融领域有四大巨头：三井住友财团旗下子公司 Promise，三菱财团旗下子公司 Acom，Atful，及三井住友财团旗下消费金融公司 Mobit。

### 5.2.2　日本消费金融不良问题的原因和应对措施

20 世纪 70 年代后期，日本消费金融产业进一步发展，行业内部竞争愈演愈烈，各类消费金融主体都疯狂扩张。这使得日本消费金融领域成为经济纠纷的高发区，并引发了一系列社会问题。在这种背景下，日本政府于 1983 年 11 月制定了《贷款业规则法》，明确从事贷款的企业必须进行注册等规定。1984 年，日本设立了信用信息中心（现 CIC）和信用心理咨询协会等，通过完善各种基础设施建设，支持消费金融的发展。

20 世纪 80 年代末日本泡沫经济的形成，导致消费金融的业务再次出现问题，并对社会经济造成负面影响。经济低迷期的贷款扩张有限，多重债务致使借款人无力还款，不良率大幅上升。消费金融公司因此采取了暴力催收等一些不当手段，导致出现借款人自杀等大量极端行为。此外，未进行正式注册的消费贷款经营者成为黑市金融从业者，违法开展贷款业务。

在经济低迷、不良增多、监管缺位，不当催收频频出现，甚至导致社会性问题的情况下，日本开始从立法等层面保护消费者，救济债务人，维护业界秩序。2004年，日本制定和修改了《破产法》，建立了债务人制度，如提高个人破产手续的效率，扩大破产人所持自有财产等，强化了破产者保护；2006年重建《贷款业法》；2008年制定《分期付款销售法》等。

2006年，日本最高法院规定，所有超过《利息限制法》上限的利息均为无效，且贷款额不得超过借贷者年收入的1/3。同时规定，贷款额10万日元以下年利率上限为20%，100万日元以下年利率上限为18%，超过100万日元的年利率上限是15%；之前多出的利息部分全部退还给借贷者。在此之前，有法规规定，只要借贷人同意，年利率上限为29.2%；所以日本几乎所有消费信贷公司的年利率都为29.2%。截至这一法令2010年6月18日的生效日，日本近4000个注册的消费信贷公司中，超过六成仍未前往信贷信息机构登记，因此被禁止发放新的贷款。

### 5.2.3 小结

第一，社会问题是底线，不当催收容易引发社会问题。在借款人陷入债务危机时，包括武富士在内的其他消费金融公司不仅向借款人父母等其他亲属催收，还擅自进入民宅，恐吓老人、孩子，有的孩子甚至得了抑郁症。另外，这些公司还利用黑社会催收。这种业务状态长期持续，并造成了负面的社会影响。

过去的一年多，我国现金贷大肆发展，如暴力催收、“裸贷”现象等也带来了严重的社会问题，而这些已经被监管层清理整顿。

第二，金融服务基础设施至关重要。日本消费金融的产生和发展是内生的，日本政府主要通过建设与完善基础设施来推动行业发展，并通过立法实施监督。日本有三个重要因素推动着消费金融行业的发展，即日本的征信中心、行业协会和信贷审查模式。

日本有三大征信中心CIC（信用信息中心）和JICC（株式会社日本信用信息中心）。KSC（全国银行个人信用信息中心），JICC的会员包括与消费贷款业务有关的信贩公司、消费金融公司、信用卡公司、担保和融资租赁公司等；CIC的会员主要包括零售商、百货商店等流通销售领域的公司；KSC的会员则主要是金融机构。按照会员的类别，日本的信用信息机构大体上可以划分为银行体系、消费信贷体系和销售信用体系三类，分别对应银行业协会、信贷业协会和信用产业协会。三大行业协会的信用信息服务基本能满足会员对个人信用信息征集考察的需求。

行业协会在建立行业通用制度和模式方面作用巨大，他们接受监管层的委托，协调借款用户和公司双方，如共同协商决定信息共享的内容、注册、查询方法、费用等。这恰恰是日本的行业征信模式，这种行业征信模式的优点在于，银行、企业和征信机构之间可以就信息采集等问题快速、方便地达成一致[①]。

在实践中，日本针对个人的信息审查也确实展现出较高的效率，部分银行甚至将这项业务外包给消费金融类公司。在贷款业务模式上，当借款用户申请贷款时，由担保机构（非银行机构）进行授信，并收取手续费；客户延期换款时，则由担保公司购买债权并进行催收。这便是日本由商业银行发放消费贷款、非银行机构提供担保的合作模式。当银行提供贷款时，消费金融公司、信用卡公司、贷款公司等作为担保公司介入，进行融资的信用调查，收取担保金。如果发生违约，担保公司向银行代偿违约债务，债务人则向担保公司偿还。同时，对于银行个人信贷担保业务的准入，法律没有限制。这种模式与我国流行的“助贷”模式有异曲同工之妙，显然，在基础设施建设阶段，行业分工协作较为重要。接下来，考虑到我国的强监管环境，这种“助贷”模式会在改良后继续存在。

第三，注重消费者权益保护。日本的过度贷款引发社会问题时，大量借款人被逼无奈，选择了自杀等极端的方式。之后，日本政府在监管法规的制定时非常侧重对消费者的保护，从多重债务的处理和《破产法》制度就可以看出。这也是我国面临的问题和亟待解决的问题。

---

① 零壹财经·零壹智库．《金融基石—全球征信行业前沿》［M］．北京：电子工业出版社，2018.

# 5.3 韩国信用卡危机

## 5.3.1 韩国消费金融的发展历程

韩国消费金融的发展时间不长，但较为发达。其中的因素包括经济发展、消费者需求扩大及政策推动等。与日本类似，韩国消费金融也起源于流通公司与制造企业的自主推动。韩国消费金融业务的三大类产品是信用卡、分期付款和租赁。其中，信用卡占据了绝对主导地位。较高的信用卡普及程度和渗透率、对信用卡额度不设限及比较宽松的取现政策，使信用卡在功能上基本覆盖了其他消费金融产品。从消费金融服务的经营主体来看，银行占据主导地位。韩国消费金融的发展历程可分为导入期、发展期、政策扶植期、信用卡大乱期、成熟期五个部分。

**（1）导入期（1963—1991 年）**

这一时期，韩国经济处于年增速 9.85%的腾飞阶段，一些百货商店、制造企业等为了促进销售和维护客户群体，引入了消费金融，这也是消费金融起步与发展的阶段。

1967 年，汽车公司引入分期付款销售业务；

1972 年，韩国启动租赁业务，这在日后发展成为韩国消费金融的组成部分；

1978 年，韩国外汇银行首次发行信用卡，银行进入消费金融市场；

1980 年，美国运通进入韩国市场；

1982 年，韩国出现家电分期付款。

**（2）起步发展期（1987—1996 年）**

这一时期，业务调整，消费金融领域的相关法律法规等基础设施开始完善，原因在于此前出现了发行信用卡的百货商店破产的情况。

1987 年，制定了信用卡业法，经营者要想从事信用卡业务需先获得审批；

1990 年，韩国认可了分期付款金融公司的设立；

1995 年，韩国制定了信用信息法。

**（3）政策扶植期（1997—2001 年）**

1997 年，亚洲金融危机爆发，韩国信用卡市场出现负增长，韩国政府因此制定了一系列促进消费金融发展的政策。

1997 年 8 月，韩国制定了《专业信贷金融业法》，允许一家公司综合经营多种消费金融业务，当时韩国的消费金融业务包括信用卡业务、分期付款业务及租赁业务。之后信用卡公司和银行支撑的取现市场规模越来越大。

2000 年，韩国取现业务占信用卡使用总额的 60%。此后，韩国信用卡市场问题集中爆发。

**（4）信用卡大乱期（2002—2004 年）**

亚洲金融危机结束后的 5 年间，韩国很多银行因为公司坏账濒临破产，但随着消费者贷款的迅速上升，这些银行又扭亏为盈。发卡机构为了短期效益争相发卡。例如，不对客户信用程度进行充分审查就随意发放，信用卡公司雇用推销人员到处追逐行人推销信用卡，甚至发给未成年学生和无业者等。这是韩国的信用卡大乱期。

这一时期，银行过度竞争，为了获客相互压低贷款利率。例如，持卡人欠款 30 天后可以用第二张卡获取现金以偿还第一张卡，从而造成了恶性循环。与 2000 年相比，2002 年韩国的信用卡市场增加了 40. 5%，信用卡信贷额急剧增加，其中隐含了巨大的风险。2002 年下半年，现金贷款拖欠率急剧上升，坏账增加。2003 年 9 月，韩国信用卡总数超过 1 亿张，信用余额超过 1000 亿韩元，信用不良者数量超 300 万人，占当时经济活动人口的 18%。

2002 年 5 月，韩国政府出台了《信用卡综合对策》，提出将现金贷款比率即现金贷款/债权总额限制到 50%；同年 11 月，韩国政府发布了《信用卡公司的健全性监督强化规范》。

韩国信用卡业加速重组，如国民信用卡、友利信用卡、外汇信用卡被母银行吸收合并等，或一些信用卡公司由现有股东增资等。2004 年，信用卡市场规模同比减少 25.5%。

**（5）成熟期（2005 年至今）**

2005 年 6 月，韩国对信用卡公司进行了风险管理实况调查，听取了外部专家及风险管理人员的意见；

2006 年 3 月，韩国颁布了《信用卡公司风险管理示范标准》，引导信用卡公司稳定发展；

2011 年，政府开始限制信用卡公司的外部扩张竞争。

此后，韩国消费金融行业的基础设施逐步完善，发展逐步成熟。

### 5.3.2 信用卡危机原因

**（1）政策宽松，信用卡狂发滥用**

信用卡过度发展导致了消费金融业务风险的大爆发。亚洲金融危机后，韩国政府为了扩大内需刺激经济，从 1999 年起推出了一系列鼓励信用卡产业发展的政策，例如，废止预借现金的 70 万韩元上限规定；解除现金放款（预借现金与信用卡放款）占信用卡应收账款比例不得超过 50%的限制；允许信用卡支出额超过个人所得的 10%，其中的 10%可以作为所得税宽减额，最高限度是 300 百万韩元；2001 年，这一宽减率就最高款额又分别提高至 20%及 500 万韩元；自 2000 年起每笔信用卡购物额度在 1 万韩元以上的收据可以参与兑奖，最高奖额为现金 1 亿韩元等。对于商家，韩国也采取了一些措施要求他们接受信用卡交易，例如，商家可以参与兑奖，最高奖金额度为 2000 万韩元；商家可就交易额的 2%抵减营业加值税，最高额度为 500 万韩元；规定年销售额达到 2400 万韩元以上的商家必须接受信用卡交易，否则将面临一年期以下有期徒刑或者 1000 万韩元以下的罚款等。

信用卡公司则借政策鼓励滥发信用卡，大量发展会员扩张经营，市场开始出现不当竞争，导致消费者无差别使用信用卡过度消费，多头负债严重，行业出现“信用卡热”。

**（2）信用信息制度不完善**

2002 年以前，韩国有片段不全的个人信用数据库，例如，信用卡公司之间彼此分享 500 万韩元以上的逾期未缴纳余额与放款余额数据；韩国非银行金融协会提供多卡使用者（4 卡以上）的逾期未缴纳余额、交易数量及支出形态数据；五大发卡者（BC、LG、三星、国民及 KEB）每周互相交换及更新客户的逾期未缴纳记录。

韩国不完善的信用数据库及共享机制使得信用卡公司在客户风险判断预测方面存在漏洞，因此招致损失。

2003 年 1 月，尽管韩国“银行公会”成立了联合征信中心（credit bureau），要求每家金融机构分享所有新发行卡（包括换发新卡）的个人信用资料，其中包括逾期未缴纳余额、放款余额、付款能力及交易数量等信息。此后，韩国开始逐渐完善个人信用体系。但这种制度的缺失并非一蹴而就，而早先的缺失已经酿成苦果。

总结来看，在韩国信用卡业务的高速发展背后，相关金融监管部门对各家发卡机构近似疯狂的发卡行为缺乏积极有效的监管，并不愿意打击政府刺激内需的积极性，加之信用卡监管法规和征信体系的不健全，各家发卡机构仅依赖自身掌握的信用数据判断借款人信用，从而导致各发卡机构盲目发卡，消费信贷不良率增加。消费金融基础设施建设的不完善，进一步加剧了风险。

如上，2003 年，韩国出现了信用卡危机。韩国第二大企业集团 LG 集团旗下韩国最大的信用卡公司 LG 信用卡公司在 2003 年的前三季度共亏损 1.02 万亿韩元，其中第三季度亏损 2700 亿韩元，债务拖欠率达到 10.57%；11 月下旬出现了流动性危机。LG 信用卡公司因此不得不停止了个人的现金预付业务，公司濒于破产边缘。12 月，韩国的另一大发卡行 KEB 宣布由于资金短缺而暂停预借现金业务。2003 年，韩国的信用卡公司遭遇流动性危机。

### 5.3.3 危机应对措施

韩国政府部门为应对危机先后出台了《信用卡综合对策》《信用卡公司的健全性监督强化规范》，同时对信用卡公司进行风险管理实况调查，制定了一系列标准来引导信用卡公司稳定发展。

流动性危机爆发后，韩国金融监理委员会（以下简称金监会）宣布加强信用卡公司财务健全性计划，计划包括以下几部分内容。

促使信用卡公司调整经营情况：引导信用卡公司股东进行增资；改善盈利能力，例如，停止一些不盈利的业务，降低成本及营销费用；建立合理的费用标准、缩短延后付款期限；利率及手续费差异化等。

在业务方面，鼓励信用卡公司逐渐调低多持卡者的总信用额度；协助逾期未缴纳债务的持卡人解决债务问题；试图厘清适用代偿卡债的资格和标准，延长放款期限等。

公布有关控制不良贷款的方案等，例如，规定发卡机构强化 KYC 能力，新信用卡持有者须证明其有还款能力；限制信用卡公司现金及信用卡贷款总值不得超过贷款总额的 50%等。

政策支持：放宽对信用卡公司的管制；调整逾期未缴纳比例的计算方式；允许信用卡公司开展一些有助于催收的措施，例如，将未缴纳债务情况通知直系家属；协助信用卡公司出售不良资产等，例如，促使韩国资产管理公司购买不良资产等。

另外，韩国金融市场稳定政策委员会公布了解决信用卡公司流动性危机的计划，内容包括提高信用卡公司的总增资额，从 2003 年的 2.5 兆韩元提高至 4.6 兆韩元；关于投资信托公司持有的信用卡公司债务，要求由银行及保险公司提供一定额度过渡贷款给信用卡公司偿债，以缓解流动性问题；要求银行、保险公司等展延所持有的信用卡公司债务，直到市场稳定；另外，政府给出了 6 个月期限改善流动性问题，如果到时未能改善，将会采取额外措施。

这些措施一定程度上缓解了韩国信用卡的流动性危机，但远未解决全部问题。实际上，在 2002 年随着贷款逾期不良的大幅上升，金监会也采取了一些措施，不过由于深层次的问题，包括不健全的金融服务基础设施等，取得的结果不甚理想。

# 5.4 中国台湾地区卡债危机

## 5.4.1 中国台湾卡债危机的背景

20 世纪 90 年代，中国台湾大量企业转移境外和大陆市场；受政策限制，银行却无法到大陆发展，这导致企业金融需求相对减少；受亚洲金融危机影响，台湾银行贷款逾期上升，企业金融业务逐渐紧缩。在这一背景下，个人消费金融业务尤其是高利息信用卡和现金卡消费金融业务成为各个银行竞相追逐的利润高地。诸多银行纷纷发行各类信用卡与现金卡，并附加优惠方式促销，鼓励客户透支消费。信用卡和现金卡的泛滥造成大量持卡人过度消费，无节制负债。

台湾消费金融市场主要包含三部分[①]，即个人无抵押贷款、信用卡及现金卡。卡债危机发生前，这三部分的消费性贷款余额大幅增加，由 2002 年的 1800 亿元人民币成长到 2005 年的 3600 亿元人民币；消费性贷款余额占台湾本地生产总值（GDP）的比例由过往约 7%的水平，急速成长至 2005 年 13.4%的历史高点。

2005 年开始，台湾爆发卡债危机。2005 年末，台湾金融机构共发行各种金融卡 1.3 亿多张，卡债危机大范围暴露，发卡机构资产持续恶化，资产不良比率达到 2.22%，并在 2006 年 5 月达到最高峰 4.98%。

2006 年全年，45 家信用卡发行机构的信用卡收入为 772 亿元新台币，冲销坏账金额达 1163 亿元新台币。这意味着当年的信用卡收入不足以对风险进行补偿。在前十大发卡机构中，有 7 家冲销坏账金额超过收入。2006 年以来，台湾本地银行税前利润同比缩水 2/3，净资产报酬率大幅下降。

---

① 李章伟．中国台湾双卡风暴对大陆消费金融行业的借鉴意义［N］．台湾之声，2018-1.

中国台湾“金融监督管理委员会”（以下简称“台湾金管会”）的统计数据显示，截至2006年2月，台湾地区有逾期账款的持卡人达52万人，平均每人逾期金额达30万新台币。这意味着如果持卡人月收入4万新台币，那么至少需要不吃不喝8.5个月才能还清卡债。其中尚不包括逾期2年以上且失去联系的9.8万借款人。

根据麦肯锡2005年的调查数据，台湾过度借贷人口为30万~40万人（约占总人口的1.7%、成年人口的2%），平均借贷金额超过190万元。其中，债务余额为月薪22~45倍①的约占整体的30%，债务金额远远超出还债能力.同时，双卡债务资金用途有70%用于奢侈消费，仅30%用于民生消费。欠款人遭社会公司逼债，消费经济不振。卡奴走投无路时，自杀、抢劫、贩毒等事件接连发生。

基于此，中国台湾监管机构应急推行卡债协商机制，减轻债务过重者的债务负担，但这导致市场出现道德风险，发卡银行双卡资产急剧恶化。2006年以来，台湾信用卡3个月逾期账款率持续在3%以上，现金卡更在2006年5月达到7.84%，大大超过了“金管会”要求的3%警戒线。

### 5.4.2 台湾卡债危机原因

台湾卡债危机的原因体现在多个方面。

第一，宏观经济低迷。台湾经济发展增速缓慢，家庭收入停滞不前，贫富差距扩大。持卡人在低迷的经济环境中更易依赖借贷消费，而还款能力却无法提升，甚至下降，最终导致个人经济危机和社会问题。

第二，发卡机构过度竞争，贷款客户无资质限定。中国台湾自1991年开放金融机构设立后，银行业机构过多，发卡机构51家，资金过剩；企业直接融资需求减少，银行开始转向消费金融业务尤其是高利率双卡业务发展。业务开展过程中，部分银行将消费贷款与企业贷款目标比设定在6∶4。同时，竞争激烈，产品同质化，彼此采取价格竞争，且不对借款人资信情况进行严

① 卡债危机后，中国台湾监管层将个人合理的负债上线规定为月收入的22倍。

格审核，在明知持卡人对消费金融认知不足的情况下，仍放宽信贷审核标准，一味鼓励民众使用信用卡超前消费，最终累积形成庞大债务，致使双卡整体资产质量下降。

在收债方面，银行并非自主催收，而是将债权出售给社会财务管理公司，或委托“讨债公司”追讨。讨债公司往往采取极端手段，多将“卡奴”逼上绝路。

持卡人禁不住诱惑大肆超前消费，多头负债情况严重。在银行疯狂营销攻势下，持卡人往往禁不起诱惑，因此超前消费、过度消费现象严重，造成了一大批长期拖欠大量债务的“卡奴”。同时，经商周转和生活困难也使大量低收入或失业家庭不得不通过透支方式消费，使用信用卡和现金卡，双卡循环利率达 18%~20%。这使得还款能力差的人陷入债务陷阱，直至遭发卡行暴力逼债，最终走上绝路，社会犯罪也随之迅速增加。

### 5.4.3 危机应对措施

“台湾金管会”和“台湾银行公会”相应社会和要求，提出了一些措施，以处理卡债纠纷。例如，成立债务协商机制，要求银行业者主动联络债务人进行协商，协商期间停止催收；调整原本的“三五八”政策①，银行双卡的逾期放款比例一旦超过 2.5%，将被勒令停止发放新卡；规定借款合同中应该披露利率信息，且双卡的利率以单利计算；规定银行双卡及信用贷款的最高额度为借款人月收入的 2 倍；提高信用卡最低应缴金额至 10%，此前在 2%~5%不等；实施差别利率，要求发卡机构按照持卡人不同的信用状况，给予差异化的利率；禁止银行委外催收及进行不当催收行为；成立“阳光资产管理公司”②，银行可以将中低收入的双卡债权投资入股，进行处理；主动联络破

① 2004 年 6 月的相关规定是逾放比为 3%~5%的，函知发卡机构，并限期改善；逾放比为 5%~8%的，予以纠正，并限期改善；逾放比在 8%以上的，暂停发卡业务。

② 为了协助低收入户或者失业救济户获得帮助，减轻他们须同时面对多加银行催收的压力，各个银行将这类债务人在 1995 年 1 月 31 日以前逾期 180 天以上的不良债权以股权的方式投资设立“阳光资产管理公司”，从而使债权所有单一化。这些不良债权转移后，所有的金融机构需停止对债务人的催收。

失业的债务人并且提供工作机会；推广金融知识教育；规范信用卡等的广告营销。

卡债协商机制有两套还款解决方案，即一致性与非一致性（专案）还款方案。一致性方案指持卡债务人根据负债情况选择不同还款利率，非一致性方案是债务比率在 17 倍以下及不同意一致性方案协商解决者依个案进行协商。持卡债务人在进入协商机制后，银行将暂停债务催收。

“台湾金管会”的这一债务协商机制运作到 2006 年底，根据“台湾银行公会”的统计数据，截至 2006 年 9 月 29 日，“银行公会”收到的申请案件数量超过 23 万件，协商成功的超过 19 万件，协商成功的总金额为 2950 亿元新台币，约占双卡放款最高余额的 33%。协商机制解决方案在一定程度上缓和了卡债问题。同时，台湾加快修订“破产法”，“司法院”提出“消费者债务清理法草案”，让无力还债的自然人申请破产，但条件严格。台湾“行政院”专门成立“关怀卡债族扶助工作小组”，协助家庭困难的卡债债务人解决其面临的问题，避免引发更严重的社会问题和金融风暴。另外，行政部门还采取了一些紧急措施，如发放儿童紧急生活扶助金、扩大补助民间团体介入照顾、增加地方社会人士服务等。

发卡机构则应监管需要调整经营策略，在退出现金卡业务的同时，也紧缩了信用卡业务的发展。一方面，收缩授信额度，提高办卡门槛，控制信用风险；另一方面，控制信用卡运营成本，推出阳春卡——只提供支付和消费信贷功能的卡，不能预借现金，也没有积分兑换、打折等优惠。

台湾的卡债危机带来的不仅是金融问题，同时也是经济问题和社会问题。危机也凸显出制度面的诸多缺失，相关法令与机制亟待修正和建立。在金融监管方面，中国台湾整顿了信用卡市场。概括起来有以下几个方面。

**（1）纠偏过度的市场营销**

规定禁止将发卡与贷款营销外包；禁止在街头或骑楼摆摊销售；禁止以快速核卡、以卡办卡或者以名片办卡等营销手段；禁止在客户办卡、核卡、开卡、预借现金及动用循环信用时给予赠品或者奖品等。

**（2）强化信用风险管控，监管多头借贷**

规定债务人全体金融机构无担保债务归户后的总余额（包括信用卡、现金卡和个人信用贷款）不宜超过平均月收入的 22 倍；确保不因多头借贷而造成的过度负债；强化发卡机构的 KYC 能力，规范申请信用卡和现金卡须核验工资等情况以判断还款能力，规范贷后复查等；鼓励银行善用联合征信中心（JCIC）的数据，掌握用户资产变动等情况；

规定信用卡当期新增消费金额的最低缴款金额不得少于 10%；

规定金融机构如果需要显示债务人的信用额度，应该在合同（契约）中明确告知。

**（3）分级监管发卡机构的资产质量**

“台湾金管会”从 2005 年 7 月起将信用卡和现金卡的逾期放款定义为累计拖欠的本金或利息超过清偿期 3 个月（此前认定的标准为本金或利息超过清偿期 6 个月）。这一规定也与国际接轨，对发卡机构的信用卡和现金卡质量采取分级监管，即逾放比为 3%~5%的，函知发卡机构，并限期改善；逾放比为 5%~8%的，予以纠正，并限期改善；逾放比在 8%以上的，暂停发卡业务。

**（4）完善信用体系等基础设施，推动差异化利率**

联合征信中心于 2006 年 3 月底建立信用评分制度；订立《金融机构办理信用卡及现金卡业务订定差别利率应注意事项》，要求发卡机构从 2006 年 7 月 1 日起，对信用状况不同的信用卡和现金卡客户给予不同的利率，且需要对外公共相关信息；在发卡机构网站及申请书中披露持卡人可能负担的利率及各项费用；“银行公会”每周对媒体发布各发卡机构信用卡及现金卡的利率供社会大众参考。

**（5）注重消费者权益保护**

保障用户的知情权等各项权利；对弱势群体进行社会救济，纠偏暴力催收，订立个人破产法；开展金融知识普及教育等。

## 5.5 成熟市场发展对我国大陆地区的经验教训

许多国家和地区的经验教训表明，快速扩张有可能在短期内给从业者带来丰厚利润的假象。坏账的暴露往往需要时间，期间，如果有大量的新客户进来，在坏账显现出来之前产生交易和利息收入，那么有可能补偿前面进入的客户产生的坏账损失，但问题就在于每批新客户产生的坏账都需要依靠更多新客户来弥补的话，实则无异于饮鸩止渴。

2017 年以来，我国快速发展的“现金贷”业务就是典型的案例。

回看我国消费金融行业的发展及存在的问题，并无特别之处，如同那些曾经发生过危机的国家和地区，也存在着类似的问题，包括金融监管法律体系不够完善、信贷过度、企业贪婪本性出现、消费者权益受损害等。

**（1）金融服务基础设施需紧跟市场发展步伐**

我国的个人征信体系起步晚、发展不健全。作为金融服务的基石，征信体系的不完善已经成为金融行业发展的拦路虎和绊脚石。借鉴他国的经验和教训，我国这一基石的建设已经迫不及待。

在配套的法律法规建设方面，我国也存在短板。尽管我国的“现金贷”现象尚未引发大规模危机，但却暴露了我国金融监管体制的无效性；存在的“监管空白”“交叉监管”“监管套利”等问题；与此同时，紧急纠偏也不排除扼杀创新的可能性。这正考验着监管智慧。

**（2）提早认清金融创新与金融系统性风险之间的关联**

美国的金融危机使一些问题被广泛关注，例如，金融创新与金融系统性风险之间的关联。而美国的金融危机很大程度上也是由于监管失灵，而致金融创新引发系统性风险。

有研究表明，金融创新在危机期间使整个金融体系对资产流动性的依赖增加，所以金融体系由于剧烈的波动而更加脆弱。关于美国次贷危机中有关房贷资产证券化的现象，有研究表示以资产证券化产品为主的金融衍生品在传统信贷和证券市场上进行交易，使得美国信贷和证券市场相结合，从而使信贷风险可以在这两大市场上加速传导，这种情况有可能导致单一金融或者行业所产生的危机影响整个金融系统的稳定。

另外，国际清算银行的相关研究表明，金融创新所产生的各种类型齐全的金融衍生品的初中时风分散和转移风险，但整个交易链条在基础资产出现问题时，会因为高杠杆问题而风险倍增，最终引发金融系统性风险危害金融体系安全。

观察我国的金融创新与风险，近些年互联网金融等迅速创新发展，但也已经暴露出问题，例如，金融服务高杠杆问题；新兴机构与传统金融机构间、民间金融市场与正规金融市场间的风险传染问题；金融控股巨头达到影响系统性稳定程度但缺乏监管问题等。这些都对现有金融监管体制提出了要求，监管层则正面临着重大挑战。

**（3）警惕快速升高的居民杠杆率，信用扩张要有度**

内需是促进经济发展的一大动力，同时，适当的加杠杆能促进内需，并推动经济发展。但关键之处在于合适的居民杠杆水平。一旦居民陷入债务陷阱、濒于破产边缘，往往会引发社会风险。别人的教训提醒着我们需提早关注居民杠杆率的变动，早发现风险，早控制风险。

实际上，近几年我国的居民杠杆率正在快速升高，存在着发生系统性风险的隐患。我们尚未找到那个合适的、能够使效益最大的杠杆水平。因此，这要求我们需要密切关注变动，随时纠偏。

**（4）金融消费者权益保护问题至关重要**

许多国家和地区消费金融行业的发展多损害了金融消费者合法权益，包括侵害金融消费者的公平交易权、知情权、隐私保护权等。例如，金融机构等劝诱办卡/贷款、收取高息、个人信息泄露、暴力催收等，这种侵害消费者权益的做法往往容易引发社会问题。我国“现金贷”业务的发展已经证明我国的消费金融行业存在类似问题。由此，金融消费者权益的保护需要提早从制度层面予以保障。

# 第 6 章

# 行业风险与监管

# 6.1 行业风险

## 6.1.1 宏观经济下行风险

宏观经济风险主要是经济下行的风险、居民杠杆率过高的风险等。

自 2008 年以来，我国经济回升的原因，在外部因素方面来看，源于海外经济的复苏，从内部因素来看，主要归功于居民部门加杠杆的贡献。居民部门加杠杆带动了 2015 年以来房地产试产的繁荣，推升了房地产相关的投资。同时，房价上涨带来的财富效应又推升了居民的消费。未来居民举债的回落将导致社会融资规模的下滑，从而影响到经济增长。

市场多预测 2018 年我国的 GDP 增速可能降至 6.5%以下。宏观经济下行会在深层次影响消费金融行业的继续快速发展。宏观经济发展不景气将导致居民收入尤其是可支配收入的增长情况，居民收入期望降低则会直接影响消费的规模和借款消费的意愿，从而导致消费金融行业增速下降甚至规模萎缩。

在居民杠杆率方面，近几年，我国居民部门的杠杆水平在迅速上升，继续加杠杆的空间短期内并没有想象中高。这一情况的具体分析，我们将在下一节详细分析。

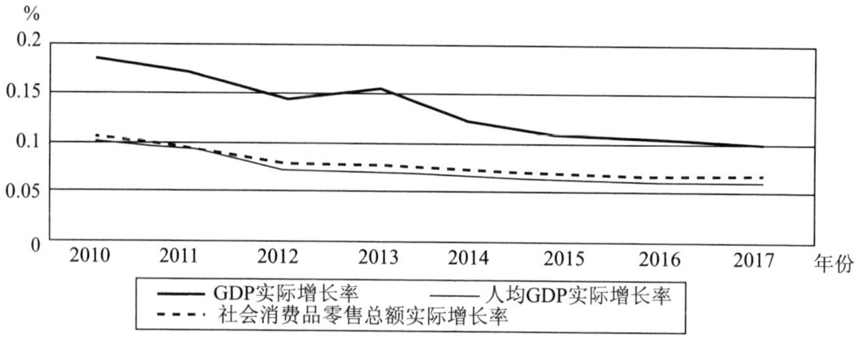


**图 6-1　我国宏观经济增长情况**

资料来源：国家统计局。

### 6.1.2　中观行业发展风险

在中观层面，消费金融行业的发展主要受到监管及政策、市场竞争和行业基础设施建设等因素的影响。

**（1）监管及政策风险**

我国的消费金融市场发展迅速，行业多变，与之相伴随的是突破边界违法违规的风险，以及监管跟不上市场创新的不确定风险；行业政策也往往在鼓励与抑制行业发展中螺旋式上升并不断完善。

自 2009 年银监会宣布消费金融试点以来，我国的消费金融行业一直处于试点、调整的探索期，市场参与主体以银行和持牌机构为主。2015 年 6 月，国务院常务会议决定放开市场准入，将消费金融公司试点扩大至全国，审批权下放到省级部门，鼓励符合条件的民间资本、国内外银行业机构和互联网企业发起设立消费金融公司，成熟一家、批准一家。此后，消费金融开始进入全面推广期，民间创业机构跃跃欲试。

2016 年 3 月 5 日，李克强总理在《2016 年政府工作报告》中提到：“在全国开展消费金融公司试点，鼓励金融机构创新消费信贷产品。”这给市场注入了一剂兴奋剂，并点燃了企业热情，此后，除银行机构，还包括支付机构、征信机构、互联网公司、保险公司等产业机构纷纷涌入市场，市场主体变得更加多元。

2016 年，监管层陆续出台了一系列严格的互联网金融监管政策，迫使相当一部分 P2P 网络借贷品平台宣布转型开展消费金融业务；加之资本力量的推动，一时之间，消费金融企业呈现遍地开花之势。消费金融在“政策支持+需求拉动”的双重驱动下，迎来爆发式增长。

2016 年下半年至 2017 年末，“现金贷”成为市场热点，并迎来迅猛发展。随后，由于这一业务发展中带来的不容忽视的社会风险而被紧急叫停，在 2017 年底的“现金贷”及相关监管新政出台后，从事此类业务的平台多面临展业困难。行业也随之跌入一个发展冰点。

2018 年以来，银监会等多次重申对居民杠杆率的重视及抑制，这种监管态度会直接传导至银行及非银行金融机构，并促使消费金融放贷机构调整信贷政策，直接结果是消费金融类贷款的放贷收紧。

如上所述，复盘这几年我国消费金融的发展，可以明显看到监管及政策动态对行业发展带来的推动及抑制影响。

**（2）信用体系发展缓慢**

由于消费金融贷款产品绝大部分是小额无抵押无担保的纯信用贷款，因此健全的个人征信体系对于消费金融服务商来说尤为重要。对于主要基于互联网开展业务的服务商来说，这一问题更加关键。

互联网消费金融的信用风险主要来源于以下几个方面。

一是个人征信信息获取不易。尽管近期我国的个人征信体系建设已经取得阶段性成果，例如，“信联”——百行征信的落地建立，但个人征信体系建设尚处于初级阶段。目前我国现有中低收入群体的征信信息获取渠道少，来源较为分散，且查询费用较高；几大互联网巨头把持着巨大的个人信用信息，并自成体系使用和共享，增加了绝大多数消费金融服务商的风险管理成本。

尽管中国人民银行在 2006 年建立了个人信用信息基础数据库，比较全面地记录了我国居民的身份信息和在金融活动中的信用信息。但其信息来源主要为商业银行等金融机构及少数类金融机构的信息，尚且无法覆盖无信用活动历史的个人客户群体，存在巨大的需求缺口。而近几年我国崛起的消费金融市场的服务对象，正属于这类正规信用信息缺失的人群。

有需求就会有相应的供给，近几年，一些互联网平台公司依托自身的信息来源和信用评估模型开始涉足大数据征信业务，并探索提供公开征信服务。但从现阶段的情况看，因为存在诸多问题，这种尝试并没有得到监管层认可。监管层也已经转而建立一个官方“信联”以开展个人征信工作，目前正在缓慢发展。

显然，缺乏能够全面反映消费者信用状况而又为市场所广泛认可的个人征信体系，是困扰我国消费金融市场发展的一大瓶颈。这一瓶颈将会在长时间内存在。

二是借款人信用意识薄弱，违约风险高。在贷后管理方面，个人信用意识比较薄弱，个体消费者未对违约后果引起充分关注。由于目前征信信息应用范围有限，奖惩机制不够完善，也使得消费金融客户违约成本较低，从而助推了违约概率。

借款人自身出于还款能力或还款意愿的原因拒绝或逃避归还贷款。通常，金融机构的各类消费贷款和信用卡业务对借款人有较为详细的尽职调查和审批流程，业务受到严格监管，稳步推进；且借款记录上传至央行征信中心，这可以在银行体系内对借款人起到失信惩罚和威慑作用，因此信用风险基本可以控制。而互联网消费金融服务的审批流程一般较为简洁、快速，业务扩张速度快，传统经验不易发挥作用，且新的模型算法尚未经过充分验证；同时，一大关键问题是不易对借款人失信行为进行惩罚和威慑，因此面临的信用风险较高。

三是机构信审能力和惩戒能力有限。如上所述，市场上存在大量新兴的消费金融服务商，它们成立期限较短，缺乏相应的人才、技术储备，往往仅依靠渠道、流量或网络运营优势介入消费金融业务。它们或迷信渠道控制力、或过度依赖其他技术供应商，从而导致自身信审能力不足，轻易向不合格借款人，包括过度负债和怀有欺诈意图的借款人，发放消费贷款，造成坏账。

在失信惩罚方面，借款用户在银行和持牌消费金融公司的违约记录可上传至央行征信中心，能够对欺诈者和失信者进行惩戒和约束，但大部分非持牌消费金融服务商则缺乏这一有力“武器”。电商类和渠道类服务商由于能够控制资金去向，且自身生态丰富，可对欺诈者施加一定约束；但中小机构则几乎毫无信用惩戒能力，这就给恶意欺诈者带来了可乘之机。从实践来看，互联网贷款欺诈已经呈现出专业化、组织化发展的态势，如果消费金融服务商没有应对这种问题的能力将面临大规模的信用风险。

四是我国个人信用体系建设的相关法律制度尚不完善。信用惩戒能力的缺失很大程度上来源于借款人信用信息和违约信息共享不足。长期以来，我国居民的个人信息分别掌握在司法部门、金融部门、交通部门、电力部门等不同主管部门，各部门之间也缺乏有效的信息共享机制。现阶段，监管有不少机构试图搭建、参与个人贷款失信黑名单等，但由于没有全局性规划和支撑，数据孤岛情况仍然严重，且这一问题无法依靠几家市场机构解决。这种个人信用历史记录的共享和价值挖掘不足，成为消费金融业务开展的一大障碍。

**（3）市场竞争风险**

消费金融行业在迅速发展过程中，逐渐涌现出大批市场主体。参与者数量的快速增加，使得一些领域中的目标客户产生重叠，竞争越发激烈。而在缺乏监管的情况下，市场的无序竞争将进一步增加消费金融服务商的行为风险，从而损害合作方和消费者权益。

这类风险主要包括以下几个方面。

一是恶意竞争风险。这类风险主要表现为消费金融服务机构为了更快获得用户或渠道，盲目对合作方进行承诺、盲目向用户授信或发放贷款，甚至放任、纵容用户欺骗、包装行为；或采取跟随策略，向已获得其他机构授信的用户再次发放贷款，而不审慎评估用户的负债情况和还款能力。例如微众银行微粒贷屡次被跟随放贷，市场有机构已经这样开展业务，即只要借款人有微粒贷借款资格就可获得其放贷。这种行为不但加剧了自身风险，也给竞争对手带来不良影响。

二是行业声誉风险。在竞争压力下，部分服务商的短视行为可能危机整个行业的声誉，从而导致互联网消费金融被“污名化”，影响行业发展的舆论环境和政策环境，造成逆向选择。2017 年的“现金贷”就是如此，部分服务商缺乏业务开展的风险控制能力，一味以高收益覆盖高风险的逻辑展业，给行业带来不良影响，引发社会风险，并最终招致监管叫停，使行业陷入低迷。

三是市场动荡风险。消费金融行业，尤其是在互联网加持下演进速度极快。发展至今，行业已经进入综合实力竞争阶段，可能存在大量机构刚一进入该领域便被扫地出门的情况；同时，部分机构可能会因为能力不足、实力不强而被淘汰出局。2017 年，诸多从事消费分期的互联网消费金融服务商由于渠道商欺诈、信用风险攀升等因素而难以为继。这影响了大量与之相联系的用户、渠道商、供应商和第三方服务机构，从而导致市场动荡，不利于行业持续健康发展。

### 6.1.3 微观运营风险

微观运营方面的风险可以从合规性、营销获客、风控三个角度分析。在合规性方面，大量消费金融服务商不具备相应金融从业资质，存在违法违规情形，难以充分保护消费者合法权益。在营销获客方面，诸多新兴机构过于激进，导致风控困难，加之自身风控能力较弱，从而产生较大运营风险。

**（1）合规性风险**

回顾消费金融业务的实践情况，大部分互联网消费金融服务商不具备放贷资质，但它们以自身名义或借助 P2P 借贷名义或助贷名义等进行放贷。这类业务在相当长的时间段内处于监管空白。现阶段可参考的监管文件是 2015 年 8 月 12 日国务院法制办发布的《非存款类放贷组织条例（征求意见稿）》，其中强调，“除依法报经监督管理部门批准并取得经营放贷业务许可的非存款类放贷组织外，任何组织和个人不得经营放贷业务”，未来所有经营放贷的组织和个人均需要获得业务许可。因此，一旦这一条例落地执行，此类机构将不可置疑地面临违法放贷问题。

2018 年 3 月，国务院办公厅印发了关于国务院 2018 年立法工作计划的通知，对各政府立法项目进行了安排。其中，《非存款类放贷组织条例》（人民银行起草）被提请全国人大常委会审议，这意味着自 2015 年 8 月征求意见的“放贷人条例”取得进展，在修正后下发指日可待。

另外，2017 年底，监管层关于“现金贷”的整治文件等已经注意并重申了这一问题。2018 年的两会也重申了不可进行非法金融活动的态度，因此合规性风险是消费金融服务商面临的头等风险。

除业务资质，在一些具体业务，尤其是创新性业务上，消费金融服务商也可能遭遇合规性、政策性风险。例如，个人贷款违规进入房地产市场、股票市场、贷款费率畸高、贷款业务催收不当等，这些都是消费金融服务商面临的潜在违规情况，面临较大的整改风险。

**（2）操作风险**

在互联网消费金融的业务经营中，由于缺乏监管，互联网消费金融服务商在一些业务经营中可能存在诸多操作风险，包括劝诱性宣传、不了解自己的客户、掠夺性放贷、不当催收、信息披露不足、泄露客户信息、违法使用消费者信息和歧视性产品条款等。其中尤其值得注意的是，不了解自己的客户和掠夺性放贷。掠夺性贷款的特点可以归纳为：①贷款人向借款人恶意推销贷款；②贷款推销中有寻租行为，如从中获得佣金以外的其他收入；③强行推销中有误导和欺诈行为；④以各种手段诱使借款人在对借款条件了解不充分的情况下被动接受贷款；⑤贷款合约条款含糊不清使借款人没有可诉诸法律把柄。这些操作上存在的问题也面临着被监管整改的风险。

### 6.1.4 我国居民杠杆问题

所谓杠杆，主要指各经济主体，如企业、政府或者居民通过增加负债的方式扩大投资和消费等的活动。杠杆率是测算各经济主体债务水平的重要指标之一，测算杠杆本质上就是在测算负债。

宏观层面的杠杆率是债务规模与上年 GDP 的比值。对于居民部门而言，负债主要由金融机构信贷收支表中居民部门的信贷余额构成，对应地，考察居民杠杆的变化主要就是观察居民部门信贷余额与当年 GDP 比值的变化情况。

一般认为，经济增长与居民加杠杆两者之间是相互影响和促进的，其中存在正反馈效应。即家庭债务规模的扩大总是伴随着 GDP 的增长。这主要是基于两方面的原因，一方面，随着经济增长，居民的收入和居民持有的资产也会上升，居民对未来收入的预期也随之提高。因此，居民可以贴现更多的未来收入，从而扩大债务规模。另一方面，居民债务的扩张有利于弥补当期消费和收入的差值，促进消费需求的扩张进而刺激经济的发展。

不过，更加理性的观点认为，居民加杠杆对于消费是一把“双刃剑”。直观地看，杠杆率高企可能加重居民负担从而抑制消费，即“挤出效应”；更深层次地看，消费由可支配收入主导，一定程度的杠杆率提升将拉动经济增长，从而增加可支配收入并促进消费，即“收入效应”。从各国实践看，合理区间内的加杠杆将才会更多引致“收入效应”而非“挤出效应”。

### 6.1.4.1 我国居民消费性贷款增长情况

如图6-2所示，截至2017年底，我国的居民消费贷款余额达到31.53万亿元，其中，中长期消费贷款余额24.72万亿元，短期消费贷款余额6.81万亿元，分别占居民消费贷款余额的78.39%和21.61%；从结构上看，居民中长期消费贷款余额在居民消费贷款余额中的占比从2004年的93.69%下降至2017年的78.39%，居民短期消费贷款余额在居民消费贷款余额中的占比从2004年的6.31%上升至2017年的21.61%。由于中长期消费贷款主要是居民住房按揭贷款，因此可以看出，近年居民其他消费类贷款开始逐渐增长。

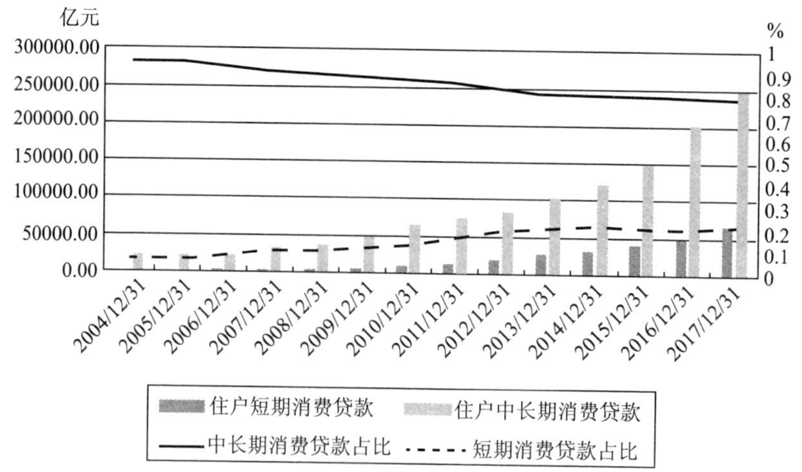


**图6-2 我国居民消费性贷款增长情况**

资料来源：wind数据，零壹财经·零壹智库。

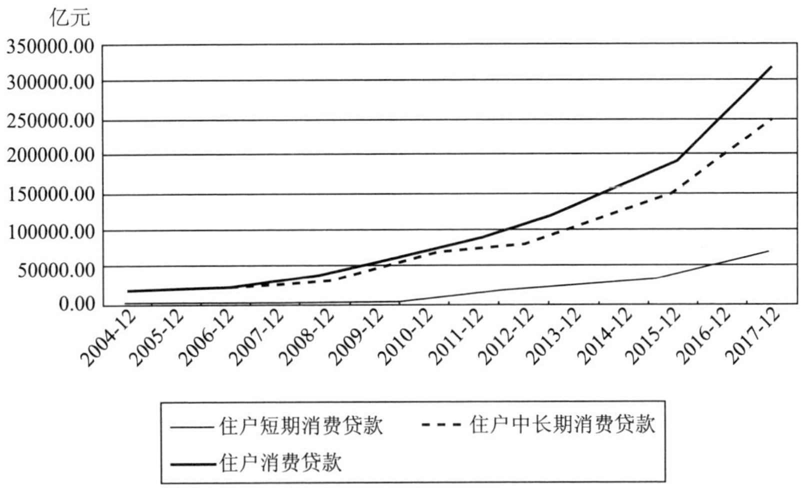


**图 6-3 我国居民消费性贷款增长情况**

资料来源：wind 数据，零壹财经·零壹智库。

如图 6-3 所示，2004—2008 年，我国的居民消费贷款增长主要取决于居民中长期消费贷款的增长；2008 年以后，居民中长期消费贷款开始快速增长，短期消费贷款也同期呈现增长态势。与之可能相关的宏观背景是，2008 年国家投入 4 万亿元救市；2009 年，银监会宣布消费金融公司试点，下发首批四块消费金融牌照，以作为银行信用卡的补充满足居民购买耐用消费品的融资需求。

如图 6-4 所示，居民新增中长期消费贷款呈现波动上升趋势，其中 2015—2016 年新增 5.26 万亿元，创新增贷款高点，主要是房地产市场较为宽松的政策所致；2017 年居民中长期消费贷款新增 4.6 万亿元，同比下降，主要也是受到房地产市场调控所致，2017 年银监会等出台系列政策防止个人贷款违规流入房地产市场。

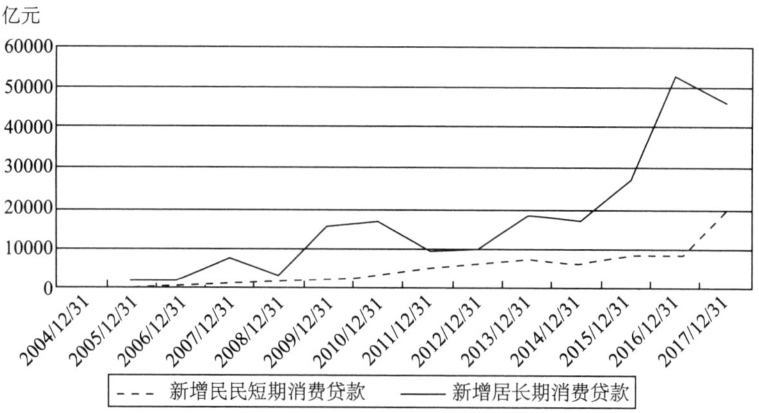


**图 6-4　我国居民消费性贷款增长情况**

资料来源：wind 数据，零壹财经·零壹智库。

从居民新增短期消费贷款的情况来看，呈现平稳增长态势，其中 2016—2017 年新增 1. 87 万亿元，主要是受到银行零售转型的影响。这一年银行的个人消费贷款，尤其是借助互联网手段开展的个人贷款业务业绩突出，2018 年初各银行披露的年报也印证了这一原因。

总体来看，我国居民消费贷款的增长主要是个人住房贷款的增长。结合近几年的宏观经济背景，基本可以得出这样的结论：居民加杠杆带动了 2015 年以来的地产繁荣，推升了地产相关投资，同时，房价上涨带来的财富效应又推升了居民的消费。

### 6. 1. 4. 2　我国居民部门杠杆率情况

#### (1) 居民杠杆率

如图 6-5 所示，现阶段我国的居民杠杆率（居民债务/GDP）已经接近 50%。居民消费类债务贡献了主要部分，居民消费贷款占 GDP 的比重在同步逐渐上升。

2016 年，美国的这一数据在 80%左右，其中，2008 年达到峰值，达到 100%左右；2016 年，日本的这一数据在 60%左右；一些新兴市场国家在 70%左右，如果跟美日、新兴市场国家相比，我国的居民杠杆率水平尚处于比较低的水平。

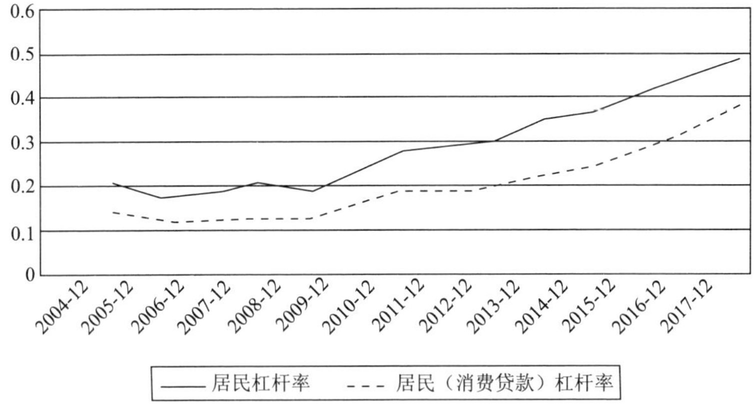


**图 6-5　我国居民杠杆率情况**

资料来源：wind 数据，零壹财经·零壹智库。

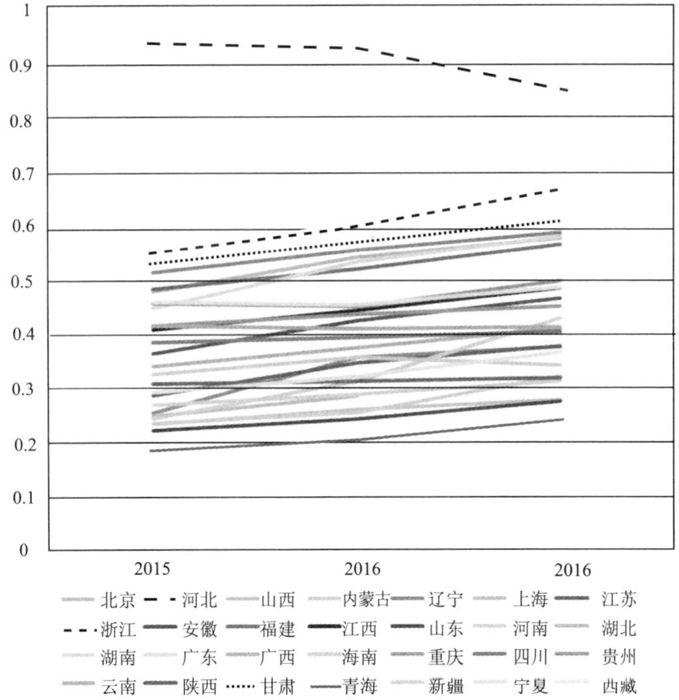


**图 6-6　我国各省市居民杠杆率情况**

注：天津等地由于数据缺失暂未考虑。

资料来源：wind 数据，零壹财经·零壹智库。

如图 6-6 所示，从地域差异分析，整体来看，我国各省的居民杠杆率呈现逐步上升趋势，河北省居于高位，2017 年底，这一数据达到 85%左右；浙江省第二位，2017 年的居民杠杆率达到 65.38%，青海省的居民杠杆率最低，不到 25%；大多数省份的居民杠杆率未超过 50%。我国的居民杠杆率存在地域差异，这种差异受到地方经济发展水平的影响。

有观点认为，考虑到当前美国和日本的居民部门杠杆率在 70%~80%，相比之下，我国居民部门的杠杆率还有一定的上升空间。

但我们还可以从另外的指标和角度分析这个问题。

**（2）居民债务收入比**

从流量概念上看，我们可以计算居民债务/可支配收入进行分析。

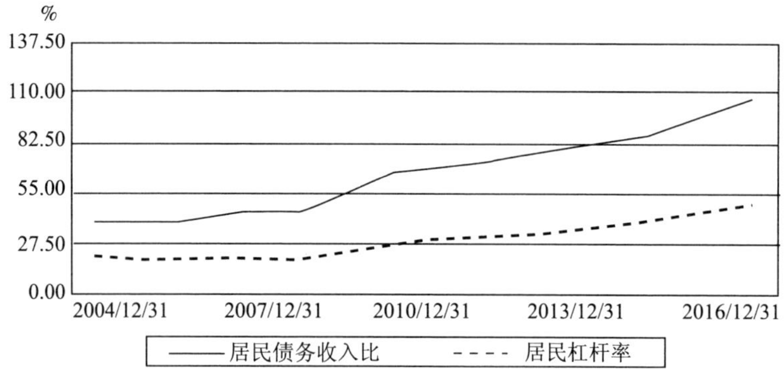


**图 6-7　我国居民债务收入比情况**

资料来源：wind 数据，零壹财经·零壹智库。

如图 6-7 所示，我国的居民债务收入比在 2008 年后明显上升，已经从 2008 年的 40%左右上升至 2017 年底的近 110%，达到 108.5%。

现阶段美国和日本的居民部门负债与居民可支配收入在 100%左右，美国居民债务收入比的峰值大约在 140%，日本在 120%左右，除去峰值数据，相比之下，我国居民加杠杆的空间已经没有想象中那么大。

除去以上流量概念，我们还需要考虑其他因素。由于我国是典型的高储蓄国家，因此，我们也需要从存量指标进行分析。

### (3) 居民存贷比

我们可以选取居民部门贷款与居民储蓄存款的比例来进行分析。以下是近年的居民存贷比：居民贷款/居民存款情况。

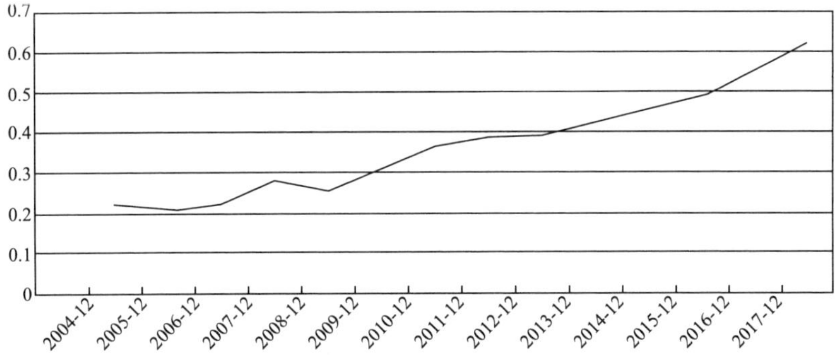


**图 6-8 我国居民存贷比情况**

资料来源：wind 数据，零壹财经·零壹智库。

如图 6-8 所示，从数据上看，我国的居民存贷比这些年一直在上升，截至 2017 年 12 月，这一数值已经升至 62. 14%，尚且低于美国次贷危机时期峰值的 192%，同时低于美国近期的 130%，并与日本的这一数值大致相当；但从趋势上看，美国和日本，尤其是美国自 2008 年以来一直处于下降趋势，但我国居民的这一数据从 2004 年开始呈现快速上升的态势。这一现象值得注意。

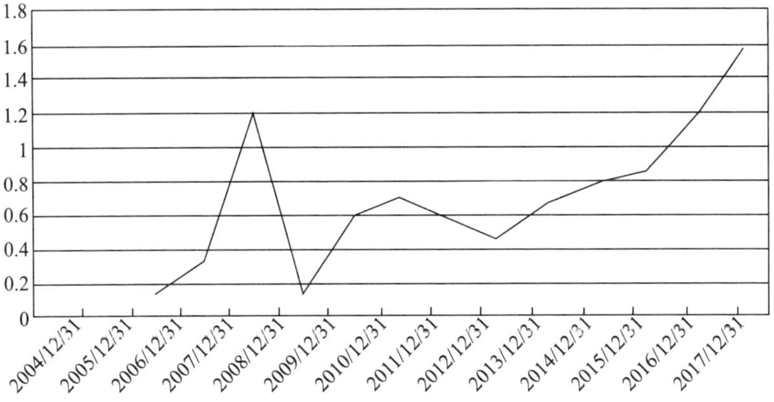


**图 6-9 我国居民新增贷款存款比例情况**

资料来源：wind 数据，零壹财经·零壹智库。

关于居民存贷比这一指标，我们计算了居民部门的年度新增贷款与年度新增存款的比例，如图 6-9 所示，这一数据已经由 2008 年的 13.90%上升至 2017 年底的 157.10%，并且在 2016 年出现了居民新增存款低于居民新增贷款的现象，2016 年底，居民部门新增贷款与新增存款比例为 116.16%。因此，从居民负债与侠义流动性资产的比例来看，我国居民部门继续加杠杆的空间越来越有限了。

2018 年 3 月下旬，宇宙行工商银行的董事长易会满在由国务院发展研究中心主办的中国发展高层论坛 2018 年会上发言，他披露了一组数据，2010—2017 年，我国居民储蓄存款增长与可支配收入之比从 25.4%下降至 12.7%，下降了一半。同时，储蓄率下降伴随着居民家庭杠杆率的快速提升，2013—2017 年，家庭债务占 GDP 的比重由 33%升至 49%。他提出，我国应该高度重视居民储蓄率问题，防止居民储蓄率过快下降引发的经济金融风险及连锁效应。

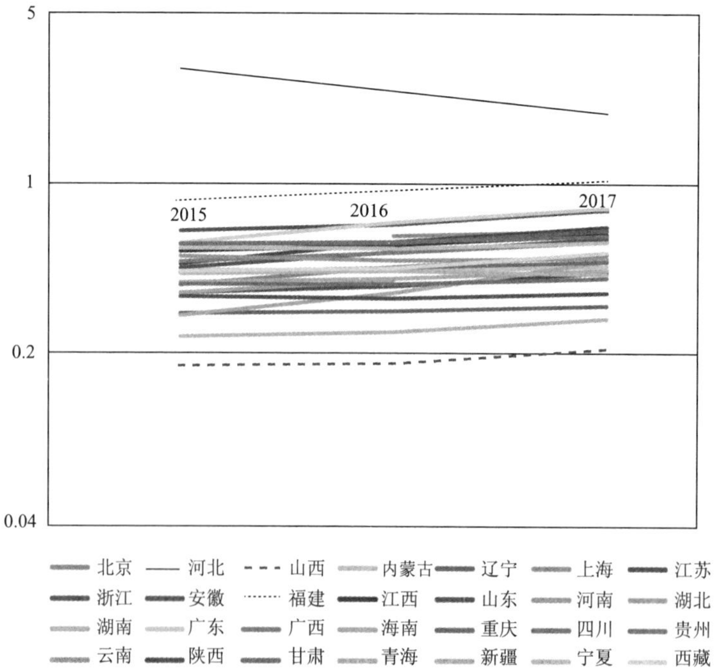


**图 6-10　我国各省市居民存贷比情况**

注：天津等地由于数据缺失暂未考虑。

资料来源：wind 数据，零壹财经·零壹智库。

如图 6-10 所示，从地域差异分析，整体来看，我国各省市居民的存贷比呈现逐渐上升的趋势，河北省居于高位，并逐渐降低；福建居于第二位，2017 年底的居民存贷比达到 110. 25%；山西、青海的居民存贷比较低，2017 年底，尚在 30%以下。各地域存在较大差异。

**（4）家庭资产负债率**

为了进一步了解居民杠杆情况，我们还选取了另外一个指标，即家庭资产负债率：居民债务/居民资产情况进行分析。

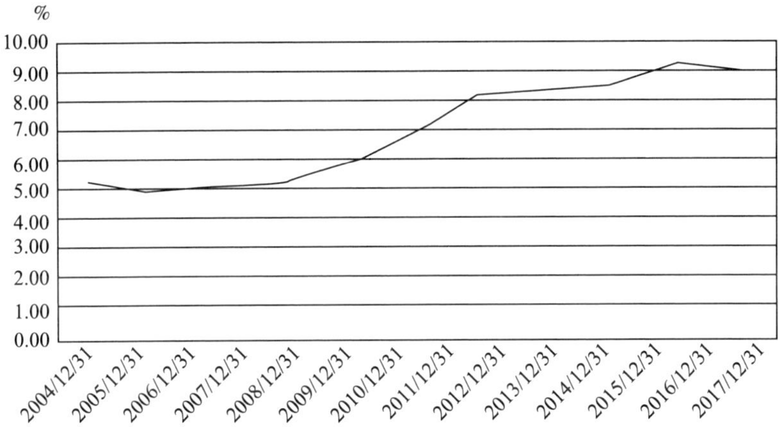


**图 6-11　我国居民杠杆率情况**

资料来源：wind 数据，零壹财经 · 零壹智库。

如图 6-11 所示，从家庭资产负债率来看，截至 2014 年底，这一数值是 9. 12%，另有数据显示，截至 2016 年，这一数值是 11. 1%。

美国 2016 年的这一数据约为 15%，峰值约为 21%；日本 2016 年的这一数值在 13%左右，峰值在 15%左右，相比之下，我国的这一数值较低，但差距不大。

### 6. 1. 4. 3　小结

总结来看，上述分析还需注意几点。首先，上述指标的计算多是基于数据可得性，对总量数据的计算分析，反映地是我国居民的整体情况，可能并不适用于所有居民；同时，我们从各地域差异的角度，对部分指标进行分析也看到，我国居民杠杆率的分布确实存在严重失衡，部分地区居民杠杆率过高，部分地区很低，差异较大，而这主要受到经济水平、居民消费观念等因素的影响。

其次，上述统计分析的主要是银行部门的数据，现实情况是居民还可能通过其他方式借钱消费，例如，尚未纳入统计的民间借贷、熟人借贷等，因此，真实的居民杠杆率可能要高于这一水平。

最后，我们选取的比较对象主要是美国和日本，这可能在结论方面存在一定误差。

结合上述分析，我国居民部门的杠杆水平在迅速上升，继续加杠杆的空间恐怕没有想象中高，我们需要警惕居民快速上升的杠杆率。

关于未来的发展趋势，2017 年，银监会已经有所表态，表示消费贷应该防止居民杠杆过快上升；银监会审慎规划局的局长肖远企曾经表明态度，称消费金融是银行业务的一个重点，监管部门鼓励居民利用消费贷用于大宗耐用品、教育和旅游方面的支出，进一步提高居民的生活水平，但同时应该防止居民杠杆的过快上升。美国的次贷危机一个很重要的教训就是金融机构对没有偿还能力的人过度发放贷款，中国要防范这种倾向，不能助长泡沫。

在监管实践中，2017 年银监会也通过一系列措施防控重点领域和薄弱环节的风险，消费金融领域主要表现在房地产金融领域和“现金贷”领域。

2018 年开年，银监会重申了这种防控风险的态度。在 1 月 25—26 日的 2018 年全国银行业监督管理工作会议中，银监会提出 2018 年的工作之一是要努力抑制居民杠杆率，重点是防控居民杠杆率的过快增长，打击挪用消费贷款、违规透支信用卡等行为，严格控制个人贷款违规流入股市和房市，使得宏观杠杆率能够得以有效地控制。

基于种种信号，我们认为短期内，我国的居民杠杆率增速将放缓，尤其是居民的住房抵押贷款杠杆将受到更为严格的管控。从长期来看，消费还将是经济增长的重要动力；另外，我国城镇化的进程仍会继续推进，对应地，居民部门的杠杆率还将有一个提升的空间。当然，杠杠率的提升及增速还需要保持在合理的范围内。

# 6.2 监管及政策演变

前文已经有所分析，我国消费金融行业的市场主体类型多样，包括商业银行、消费金融公司、（网络）小额贷款公司、P2P 网络借贷平台、新兴金融科技公司等。这种多主体并存的局面有利有弊，有利在于多种市场主体的存在丰富了信贷市场，扩大了信贷服务范围；有弊在于多数主体缺乏监管，业务行为已经超出已有监管边界，并在业务开展中带来了一定的金融风险和社会风险。“现金贷”就是一个行业典型。

鉴于我国尚未正式下发“放贷人条例”，《非存款放贷组织条例》还在征求意见中。有关放贷业务的监管主体、市场主体准入门槛、业务经营规范等相关监管体系尚不完善。其中，与消费金融业务相关的监管规定尚未成系统，各类规定零散地分布在不同的监管文件中；从问题导向出发，我们据此梳理相关监管规定及演变情况。

## 6.2.1 放贷主体

之所以对放贷主体进行许可和监管，主要是几个层次的考虑，就现阶段的监管情况，存款类放贷组织（主要指的是银行）受到监管，主要是因为它们涉及吸收公众存款，涉众风险大；非存款类放贷组织受到许可，则基于保护借款人的目的，例如借款人可能会遭遇放贷主体的欺诈、掠夺性贷款、暴力催收等。正是出于这种监管目的，放贷主体需要牌照监管。

目前我国没有统一的法律法规等对放贷主体进行规定，除银监会对商业银行、消费金融公司等有监管规定外，其他各类非存款类放贷组织普遍缺乏系统性监管。

具体来看，我国对除银行类金融机构外的放贷主体监管零散地分布在各法律规范中。

2015年，国务院法制办向社会征求《非存款类放贷组织条例（征求意见稿）》（以下简称《征求意见稿》），《征求意见稿》中明确，对经营放贷业务实行许可制度，除依法报经监督管理本部门批准，并取得经营放贷业务许可的非存款类放贷组织外，任何组织和个人不得经营放贷业务。这个文件的核心是对非存款类放贷组织采取持牌制度。

这一文件在2018年3月取得进展，即被列入国务院2018年的立法计划，提请全国人大审阅通过，这意味着法案下发指日可待。

在此之前，我们对行业相关监管规定现状进行分析梳理仍然是有意义的。

2015年7月，央行等十部委联合发布《关于促进互联网金融健康发展的指导意见》，其中指出，网络借贷包括个体网络借贷（即P2P网络借贷）和网络小额贷款。个体网络借贷是指个体和个体之间通过互联网平台实现的直接借贷。在个体网络借贷平台上发生的直接借贷行为属于民间借贷范畴，受合同法、民法通则等法律法规以及最高人民法院相关司法解释规范。网络小额贷款是指互联网企业通过其控制的小额贷款公司，利用互联网向客户提供的小额贷款。网络小额贷款应遵守现有小额贷款公司监管规定，网络借贷业务由银监会负责监管。

在监管主体方面，我国目前尚没有统一的法律明确放贷主体的监管机构，不过鉴于上述已有规定，我国的民间借贷监管主体可能是央行或银监会①设立统一的监管法规，具体的监管则由各省级行政单位实施，同时还会设立行业自律组织等进行监管。

### 6.2.2 利率

利率是民间借贷历来的关注点之一。按照提供信贷主体的不同，我国对银行金融机构、非银行金融机构、持牌类金融机构、非持牌金融机构等制定

① 2018年3月金融机构进行改革，银监会和保监会合并为银行保险监督管理委员会，简称银保监会。

了不同的利率法规。

发放贷款的持牌非银行金融机构，如消费金融公司，它的最高利率限制为不超过银行同期贷款利率的 4 倍。

2013 年 11 月，银监会颁布《消费金融公司试点管理办法》，其中第 25 条规定消费金融公司应当建立消费贷款利率的风险定价机制，根据资金成本、风险成本、资本回报要求及市场价格等因素，在法律法规允许的范围内，制定消费贷款的利率水平。

其中表述的“在法律法规允许的范围内”，目前可以参考 1991 年 8 月 13 日下发的《最高人民法院关于人民法院审理借贷案件的若干意见》[①]，其中表示，公民之间的借贷纠纷，公民与法人之间的借贷纠纷以及公民与其他组织之间的借贷纠纷，应作为借贷案件受理。

关于利率，其中规定民间借贷的利率可以适当高于银行利率，各地人民法院可根据本地区的实际情况具体掌握，但最高不得超过银行同类贷款利率的 4 倍（包含利率本数）。超出此限度的，超出部分的利息不予保护。

据此可以推断，消费金融公司的利率上限是银行同期贷款利率的 4 倍。

此后，2015 年 8 月，最高法院在《关于审理民间借贷案件适用法律若干问题的规定》中明确将民间借贷定义为自然人、法人、其他组织之间及其相互之间进行资金融通的行为，而经金融监管部门批准设立的从事贷款业务的金融机构及其分支机构，因发放贷款等相关金融业务引发的纠纷不属于上述规定所认定的民间借贷的范畴。[②]

由此，消费金融公司的借贷利率不再受到上述规定制约；此外，消费金融公司的监管主体是中国银监会，根据 2006 年修正的《中华人民共和国银行业监督管理法》，对在中华人民共和国境内设立的金融资产管理公司、信托投资公司、财务公司、金融租赁公司及经国务院银行业监督管理机构批准设立的其他金融机构的监督管理，适用本法对银行业金融机构监督管理的规定。

---

① 彼时，这一意见尚未废止，还有法律效力。

② 此规定公布施行后，最高人民法院于 1991 年 8 月 13 日发布的《关于人民法院审理借贷案件的若干意见》同时废止；最高人民法院以前发布的司法解释与此规定不一致的，不再适用。

对此，我们可以认为，对消费金融公司的监管也适用于上述法律，但就利率规定来看，它的监管体系暂不明确。

关于小额贷款公司的规制，主要存在的问题是4倍利率上限标准与“两线三区”标准适用的不确定性。

2008年5月，银监会及人民银行联合发布《关于小额贷款公司试点的指导意见》，其中表示，小额贷款公司以市场化为原则经营，贷款利率上限放开，但不得超过司法部门规定的上限，下限则是人民银行公布的贷款基准利率的0.9倍，具体浮动幅度按照市场原则自主确定。这一意见颁布时，司法部门规定的利率上限是央行同期贷款利率的4倍，因此，各地关于小额贷款公司的指导意见中一般以4倍利率作为上限标准。

2015年8月，最高人民法院《关于审理民间借贷案件适用法律若干问题的规定》颁布，其中表示，借贷双方约定的利率未超过年利率24%，出借人请求借款人按照约定的利率支付利息的，人民法院应予支持；借贷双方约定的利率超过年利率36%，超过部分的利息约定无效。借款人请求出借人返还已支付的超过年利率36%部分的利息的，人民法院应予支持，也就是所谓的“两线三区”标准，第一条线指年化利率为24%，是民事法律应该予以保护的固定利率，第二条线指年化利率36%，超过36%的借贷合同无效；24%~36%之间的区域是出借人与借款人自行协商的合法区域。

同时，2015年8月的《非存款类放贷组织条例（征求意见稿）》规定，小额贷款公司属于在工商行政管理部门注册登记，并经省级人民政府监督管理部门批准取得经营放贷业务许可，经营放贷业务但不吸收公众存款的机构，也即小额贷款公司不是经金融监管部门批准设立的机构，因此，它的利率规制适用于最新司法解释规定的“两线三区”标准。

需要注意的是，按照《非存款类放贷组织条例（征求意见稿）》的规定，所称综合利率是指包含费用在内的所有借款成本与贷款本金的比例，并与贷款利率有所区分。但根据合同法关于借款合同的规定，贷款利率不包括费用在内，最高法则没有明显区分。如此一来，现阶段，关于利率的规制到底是贷款利率还是综合有效利率，也存在不确定性。

不过，2017年8月，最高人民法院印发《关于进一步加强金融审判工作的若干意见》的通知，其中指出，严格依法规制高利贷，有效降低实体经济的融资成本。金融借款合同的借款人以贷款人同时主张的利息、复利、罚息、违约金和其他费用过高，显著背离实际损失为由，请求对总计超过年利率24%的部分予以调减的，应予支持，以有效降低实体经济的融资成本。规范和引导民间融资秩序，依法否定民间借贷纠纷案件中预扣本金或者利息、变相高息等规避民间借贷利率司法保护上限的合同条款效力。

这是对贷款利率的进一步明确界定，可以认为贷款利率是综合贷款利率，包括其他费用等。

此外，2002年1月31日，人民银行发布《关于取缔地下钱庄及打击高利贷行为的通知》，其中规定民间个人借贷利率由借贷双方协商确定，但双方协商的利率不得超过中国人民银行公布的金融机构同期、同档次贷款利率（不含浮动）的4倍。超过上述标准的，应界定为高利借贷行为。尽管2015年新的司法解释已经重新划定最高利率限制，但该文件目前仍然有效。也就是说，关于利率规制，现阶段还存在一定的分歧。

### 6.2.3 收债行为

在债务债权关系中，如果债务人不能按时偿还债务，债权人可能会采取各种方式实现债权，债务催收行为是指债权人向债务人收取债务实施的一系列行为。

债权人实现债权的方式本质上属于法律救济手段，按照法律上的分类，分为公力救济和私力救济。在债务催收中，公力救济主要包括诉讼和仲裁，即由中立第三方介入，以帮助债权人实现债权；私力救济分为普通收债和职业收债，职业收债指的是由专业的机构或个人向债务人进行收债的行为，主体包括以收债为主要业务的职业收债人和放贷机构等债权人自设的催收部门；与职业收债相区别的、其他并非以收债为职业或者常态的个人或机构，因偶发的个别的民商事债权得不到实而进行的收债行为，可暂且称为普通收债。[①]

目前，普遍存在问题且需要监管的是职业收债行为。

我国目前没有专门的债务催收法律规范，对于收债行为的监管，主要是基于如《宪法》《刑法》《民法通则》《物权法》《侵权责任法》《治安管理处罚条例》等法律法规中对公民人身权利及财产权利的保护，以对收债尤其是暴力收债行为进行规制。

在职业收债行为规制方面，我国法律也没有特别规定，但对讨债公司的设立予以禁止：1988年6月，最高人民法院、最高人民检察院、公安部、司法部联合发布通知，明确规定，“各级公、检、法、司机关，一律不准以任何理由、任何形式成立讨债公司及其他类似的企业。”1993年5月，国家工商行政管理局发布《关于停止办理公、检、法、司机关所属讨债公司登记注册有关问题的通知》。1995年，公安部、国家行政管理局联合发布《关于禁止开办讨债公司的通知》，禁止任何单位和个人开办任何形式的讨债公司。2000年，国家经贸委、公安部、工商总局发布《关于取缔各类讨债公司 严厉打击非法讨债活动的通知》，其中规定，取缔各类讨债公司，禁止任何单位和个人开办任何形式的讨债公司；对申请经营讨债业务的企业不予以核准登记，对打着咨询服务、委托代理等名义从事讨债活动的企业依法吊销营业执照；加大对非法讨债活动的打击力度，对采取恐吓、威胁或者其他方法干扰他人正常生活的讨债行为，公安机关要依据《中华人民共和国治安管理条例》予以处罚；构成犯罪的，依法追究其刑事责任。

就现阶段来看，我国禁止设立讨债公司，但对收债行为有一定的约束。

2013年银监会颁布的《消费金融公司试点管理办法》中规定，借款人未按合同约定归还贷款本息的，消费金融公司应当采取合法的方式进行催收，不得采用威胁、恐吓、骚扰等不正当手段。

2015年的《非存款类放贷组织条例（征求意见稿）》中明确规定了收债行为的规范，即非存款类放贷组织应该以合法、适当方式为逾期借款人

① 北京大学法学院·现金巴士．微额借款法律研究［R］．北京，2016，7．

提供还款提醒服务；非存款类放贷组织采用外包方式进行债务催收的，应建立相应的业务管理制度，明确外包机构选用标准、业务培训、法律责任等，不得约定仅按欠款回收金额提成的方式支付佣金。

非存款类放贷组织和外包机构进行债务催收时，不得有下列行为：

使用或威胁使用暴力或其他违法行为损害他人的身体、名誉或者财产；

侮辱、诽谤或者以其他形式干扰他人的正常工作和生活；

使用误导、欺诈、虚假陈述等手段，迫使借款人清偿债务；

向公众公布拒绝清偿债务的借款人名单，法律、行政法规另有规定除外；

向债务人、担保人以外的其他人员进行催收；

其他以不合法、不公平或不正当手段催收债务的行为。

上述规定有一定的亮点，但也存在问题，如收债行为的具体规则还没有，而且只是对非存款类放贷组织提出监管，其他收债人的行为则并未予以规定。

银行信用卡催收外包的相关法律研究较少，专门立法几乎一片空白，现有中国人民银行的《银行卡业务管理办法》、银监会的《关于进一步规范信用卡业务的通知》《银行金融机构外包风险管理指引》中有所提及，规定并不明确且法阶不够高，对市场规范作用不明显。

2009 年，银监会出台《关于进一步规范信用卡业务的通知》，其中对金融机构委托外包机构从事催收业务进行了详细规定，要求银行对催收外包持慎重态度，规定选用外包机构必须“由本机构境内总部高级管理层审核批准”，明确了银行对外包机构的监督义务，“确保催收外包机构按照本机构管理要求开展相关业务”，通知还规定，发卡行在对催收行为管理不力和对外包机构监督不要到位时，“承担相应的外包风险管理责任”，政府主管部门可视情况对发卡行实施不同程度的处罚。这些规定有助于规范催收外包业务的开展，保障持卡人权益。

不过，正如上文所示，我国禁止成立讨债公司，那么，什么样的公司可以从事催收外包业务，尚未明确，社会对催收外包机构的合法性也存在疑问。出现的问题是一些打着经营其他业务，实际从事催收外包业务的公司，缺乏必要的约束和管理，也因此引发了不少社会矛盾与冲突。我国消费金融业务发展中出现了一种“助贷”模式，即新兴消费金融服务商与金融机构，如银行、消费金融公司等合作开展业务，服务商进行前端获客、信用审核、风险控制等业务，并将借款人推荐至合作的金融机构，由金融机构放款；通常情况下，借款人与金融机构签订借款合同，与服务商签订服务协议等。

### 6.2.4 金融机构外包业务

关于服务商与金融机构之间的关系，依据是否承担借款人信用风险可以分为两种，一种是仅提供信贷业务环节中的营销获客等业务，不承担借款人的信用风险；另一种是介入整个信贷业务全流程，包括信审风控，并以协议形式回购不良债权等。服务商承担借款人的信用风险，具备了信用中介的本质。

对此，目前并没有统一的规定进行约束，但也有一些零散的规定，集中体现在金融机构的“外包”业务方面。

外包又称为资源外包，是根据英文“outside resources using”而来。2010年，我国银监会印发的《银行业金融机构外包风险管理指引》（以下简称《管理指引》）中将外包定义为：“银行业金融机构将原来由自身负责处理的某些业务活动委托给服务提供商进行持续处理的行为。”其中，服务提供商包括独立第三方，银行业金融机构母公司或其所属集团设立在中国境内、外的子公司、关联公司或附属机构。另外，《管理指引》第一章总则第5条要求银行业金融机构开展外包活动应当制定外包的风险管理框架和相关制度，并将其纳入全面风险管理体系。第7条表示银行业金融机构的战略管理、核心管理以及内部审计等职能不宜外包。

整体来看，上述《管理指引》对整个银行业的业务外包做了比较详细的规定，明确了外包业务的组织管理、风险管理、监督管理等方面的要求，有一定的可操作性，但涵盖面广，对催收外包没有具体进行指引和规范。

另外，关于银行业金融机构外包业务的范围，也有零散的规定。2011年，银监会实施的《商业银行信用卡业务监管管理办法》中第 71 条规定，对于信用卡的核心业务，如卡片营销、合同签约、授信审批、资金结算等，发卡行不得外包给外包服务机构，但并未禁止催收业务进行外包。在第 60～70 条中，也对信用卡到期的欠缴催收管理进行了规定，规定发卡银行应该明确催收管理制度，禁止不当催收行为，但没有涉及催收外包业务。

同上，在行政法规及部门规章领域，2013 年银监会颁布的《消费金融公司试点管理办法》中规定，消费金融公司如有业务外包需要，应当制定与业务外包相关的政策和管理制度，包括业务外包的决策程序、对外包方的评价和管理、控制业务信息保密性和安全性的措施和应急计划等；同时，消费金融公司签署业务外包协议前应当向银行业监督管理机构报告业务外包的主要风险及相应的风险规避措施等；此外消费金融公司不得将与贷款决策和风险控制核心技术密切相关的业务外包。

就这些零散的部门规章来看，现阶段消费金融业务，尤其是小额短期现金贷业务服务商如果与银行业金融机构、消费金融公司等合作，如果银行、消费金融公司将贷款决策与风险控制等关键环节业务外包还存在合规风险。

### 6.2.5 “现金贷”监管新规

2017 年 12 月 1 日，互联网金融风险专项整治、P2P 网贷风险专项整治工作领导小组办公室正式下发《关于规范整顿“现金贷”业务的通知》（以下简称《通知》），开展对“现金贷”业务的清理整顿工作。

《通知》对“现金贷”业务进行了“四无”定义，即无场景依托、无指定用途、无客户群体限定、无抵押等特征。并表明态度，即“现金贷”在满足部分群体正常消费信贷需求方面发挥了一定作用，但过度借贷、重复授信、不当催收、畸高利率、侵犯个人隐私等问题十分突出，存在着较大的金融风险和社会风险隐患。

对此，《通知》表示要规范整顿“现金贷”业务。对于如上几个方面的监管，《通知》都有相关规定。

关于放贷资质，《通知》指出设立金融机构、从事金融活动，必须依法接受准入管理。未依法取得经营放贷业务资质，任何组织和个人不得经营放贷业务。

关于利率问题，《通知》重申各类机构以利率和各种费用形式对借款人收取的综合资金成本应符合最高人民法院关于民间借贷利率的规定，禁止发放或撮合违反法律有关利率规定的贷款。各类机构向借款人收取的综合资金成本应统一折算为年化形式，各项贷款条件以及逾期处理等信息应在事前全面、公开披露，向借款人提示相关风险。

关于收债行为，《通知》表示各类机构或委托第三方机构均不得通过暴力、恐吓、侮辱、诽谤、骚扰等方式催收贷款。

另外，《通知》指出各类机构应当遵守“了解你的客户”原则，充分保护金融消费者权益，不得以任何方式诱致借款人过度举债，陷入债务陷阱。应全面持续评估借款人的信用情况、偿付能力、贷款用途等，审慎确定借款人适当性、综合资金成本、贷款金额上限、贷款期限、贷款展期限制、“冷静期”要求、贷款用途限定、还款方式等。不得向无收入来源的借款人发放贷款，单笔贷款的本息费债务总负担应明确设定金额上限，贷款展期次数一般不超过2次。各类机构应坚持审慎经营原则，全面考虑信用记录缺失、多头借款、欺诈等因素对贷款质量可能造成的影响，加强风险内控，谨慎使用“数据驱动”的风控模型，不得以各种方式隐匿不良资产。各类机构应当加强客户信息安全保护，不得以“大数据”为名窃取、滥用客户隐私信息，不得非法买卖或泄露客户信息。

《通知》明确要开展对网络小额贷款清理整顿工作，同时进一步规范银行业金融机构参与“现金贷”业务，并完善P2P网络借贷信息中介机构业务管理，且分类处置，加大对各类违法违规机构处置力度 。

《通知》是纠偏消费金融行业发展方向的一个较为严厉的文件，此后，火热的“现金贷”市场迅速冷却，这也是目前对消费金融行业影响深远的监管文件。

### 6.2.6 小结

复盘我国现金贷业务开展存在的问题以及舆论对此的诸多质疑，集中在两点，一是是否非法经营金融业务，各市场主体是否公平开展金融业务，二是是否损害了广大金融消费者的权益。

其中，现金贷业务开展存在诸多问题，如高利率、多头借贷等，一个重要原因是我国各金融基础设施的不完善，如征信体系等，无须多言，应该从国家层面加快个人信用体系的建设，这将是后续诸多工作开展的基础。

从保护金融消费者权益的角度看，依托于个人信用体系的个人（指自然人）破产制度需要被再次提出。而就现状来看，我国迄今为止仅将企业法人纳入适用破产法的主体。因此，在司法实务中，遇到自然人债务人全部财产不足以清偿债务时，都是通过民事诉讼程序（主要是通过执行程序）解决这种纠纷。

个人破产制度的目的一方面是公平实现债权和平等保护债权人的利益。即在债务人可以用于清偿的财产不足以清偿债权人时，债务人或者债权人有权通过破产制度公平合理地处理债务人的有限资产，保障债权人共同享受利益、共同分担损失，处于同一顺序的债权人地位平等、机会均等；另一方面是保护债务人的利益，个人破产制度具有破产免责的属性，能够帮助债务人重新开始经营活动，尤其是保障具有诚信、但确实没有偿还能力的债务人的权益。

关于个人破产制度现阶段存在争议，反对一方认为要建立自然人破产制度还需要建立相关配套的立法和法律问题，例如，要制定自然人破产法，相应的金融机构的破产条例也要加紧出台；另外，个人信用体系是个人破产制度建立的保障，在我国信用体系、个人财产登记制度不完善的情况下，难以监管个人的真实财产，可能导致滥用个人破产以逃废债务的道德风险等。

支持一方认为，我国实施个人破产制度已经初步具备条件，我国的消费金融正在快速发展，个人信用体系也在快速发展，这为个人破产的实施提供了基础条件；同时，良好的债务清偿秩序是维护市场信用的重要保障，个人破产制度的缺位会导致大量不能偿付的个人债务无法得到及时妥善地解决，并是债权人无法利用破产清偿程序得到公平受偿权益，债务人也深陷债务无法自拔，因此，个人破产制度可以及时清理和终结出现信用风险的债权债务关系，阻止风险进一步蔓延。

个人破产制度应该被提上议事日程，随着消费金融（包括现金贷）的快速发展，个人信用体系的不断完善，加之已有的司法实践活动等，个人破产制度事实上也具备了一定的基础；同时，个人破产制度本身就是个人信用体系的一部分，具有净化信用环境的作用，应该伴随个人信用体系建设取得进一步发展。

# 第 7 章

# 行业发展趋势与展望

## 7.1 风险暴露，行业迎来强监管

伴随 2017 年底有关“现金贷”的整治行动，自 2015 年开始迅速发展的消费金融行业已经经历了一个发展小周期，即经历了一个“市场主体迅速入场、市场规模快速膨胀、问题及风险暴露、引发监管注意、监管出手整治、行业迅速冷却”的小周期。

我们已经分析过行业可能会暴露的风险、引发的问题，实践证明也确实如此。回顾近期监管层的频频动作及表态，未来消费金融行业的发展在以下几个方面会迎来强监管。

一是快速提升的居民杠杆率将得以抑制。

近年来，我国消费贷款余额迅速增长，截至 2017 年底，我国居民消费贷款余额达到 31.53 亿元，其中，中长期消费贷款余额 24.72 亿元，短期消费贷款余额 6.81 亿元，分别占居民消费贷款余额的 78.39% 和 21.61%；从居民杠杆率（居民债务/GDP）来看，我国居民这一数值已经接近 50%，另外从居民存贷比、居民债务收入比、家庭资产负债率等指标看，都存在快速上升的趋势。与发达国家相比，我国居民部门继续加杠杆的空间在短期之内较为有限。

与此同时，监管部门也已经注意到这种趋势，并多次表态将关注这一现象，而且要抑制居民杠杆率的过快提升。

综上所述，我们认为短期内我国的居民杠杆率增速将放缓，尤其是居民的住房抵押贷款杠杆将受到更为严格的管控。从长期来看，消费还将是经济增长的重要动力；另外，我国城镇化进程仍会继续推进，对应地，居民部门的杠杆率还将有一个提升的空间。当然，杠杠率的提升及增速还需要保持在合理的范围内。

二是一切金融活动都被纳入监管，违规放贷难以为继。

2017 年发展迅猛的“现金贷”暴露出的一大问题就是非放贷组织违规放贷，一方面不利于市场公平竞争，另一方面由于缺乏监管而损害了金融消费者的权益。此后，监管层出台紧急纠偏“现金贷”业务的整治文件提到了这一问题，并表示不具备放贷资质的机构不得从事违规放贷业务。可以预见，伴随全国化解金融风险、清理整顿互联网金融业务等行业监管走势，消费金融行业的这种违规放贷活动将得到进一步纠偏。

三是 P2P 备案将导致行业洗牌加剧，整合加速。

P2P 网络借贷平台是消费金融领域的重要参与者之一，时至今日，互联网金融专项整治即将迎来收官，平台备案将提到议事日程。未来，随着备案逐渐落地，行业格局将发生变化，资质优良、能力突出的平台将获得进一步发展。

四是金融消费者权益日渐加强。

2017 年，“现金贷”业务快速发展，各类消费金融服务商开展业务过程中的一些操作风险已经暴露，如劝诱用户申请贷款、进行掠夺性放贷等，致使出现过度消费和负债。从借款人（用户）角度讲，诸如被暴力催收、个人信息泄漏等问题也已暴露。这些问题已经得到监管层注意并出台相关整治文件及自律性文件，未来金融消费者的权益将得到强化。

## 7.2 实力比拼，业务精进成为机构主旋律

场景、资金、获客、风控等能力是消费金融服务商展业的关键能力，发展至今，机构更加需要比拼综合实力。就市场格局来看，2017 年有不少消费分期平台退出市场，同时已经有部分机构领先一步登陆资本市场，获得更多资源；另外，2017 年底一系列有关“现金贷”的监管新规在一定程度上提升了机构从业门槛，监管文件对机构放贷资质、资金来源、风险控制与定价能力等提出具体要求，实则将不符合条件的平台剔除出去。因此，资质差的平台基本难以开展业务。这推动着行业机构提升综合实力，并不断打磨和精进业务。

从行业发展的短期趋势来看，业务精进还体现在银行传统信用卡业务的运营提升上，一个正在崛起的市场是为银行信用卡提供精准营销、风险精细化评估与定价的技术服务市场，这种业务形态值得关注。

## 7.3 跑步前进，机构进入争夺上市窗口期

2017年，我国上市的金融科技公司（P2P网络借贷等统称为金融科技公司）明显增多，这些上市公司开展的业务多为消费金融业务，都选择在美国上市，再一次展现了这一行业的发展演变之迅速。

2018年开年，多家涉及消费金融业务的金融科技公司在香港上市，又一次引发了行业的一个上市小高潮。

前文已有分析，对于金融科技公司而言，上市将极大提升品牌知名度及声誉，这对于处于迅速变化的市场中的公司而言尤为重要；同时，公开招股融资为原有股东提供了退出渠道，也使得上市公司可以利用公开融资继续发展业务，巩固业务规模、提升市场竞争力。另外，上市之后，基于公众公司身份，在信息披露、业务合规方面，公司也会更为成熟，将被倒逼走在行业前列，这也是一种增信措施。且在当下整改备案的关键阶段，上市对P2P网络借贷平台而言至关重要。

由于对整个金融科技行业来讲，领先一步上市的公司将会在盈利模式、公司运营、资本市场态度等多方面起到前期试水及引领作用，接下来，也会吸引更多的金融科技逐渐踏入资本市场。因此，消费金融行业将迎来一个上市的窗口期。

## 7.4 升级新零售，线下场景再挖掘

尽管我国网上消费规模迅速增长，但线下消费仍然占据着主导地位。从更远的未来看，线上线下的界限将变得越发模糊，线下场景将会融入更多的互联网的元素，线上平台也会连接越来越多的线下场景，对于服务类消费来讲，这种趋势会更加明显。

这种特征也恰恰是现阶段“新零售”的特征。

零售平台，尤其是电子商务平台和企业已经意识到庞大的线下消费场景，传统零售企业也已经意识到互联网加持销售的力量，两类机构的合作现阶段正如火如荼。再往前一步，我们也可以预见，线下的消费场景蕴藏着更大的消费金融市场空间，消费金融不断向线下渗透，线上线下相结合的模式将是零售及消费金融的必然趋势。

新零售也代表着所谓的场景化，消费金融业务的发展也将继续与各类居民生活场景相结合。在表现上，移动互联网将更加容易地融入线下消费场景中，并适应人们碎片化的工作和生活状态，即消费金融在向线下渗透的过程中，移动化成为必然选择。

在具体展业方面，尤其是电子商务平台将加速消费金融业务对线下场景的渗透；传统零售企业则会对选择与金融科技类服务机构合作，或自主开展消费金融服务。

## 7.5 流通企业地位提升，支付成为重要抓手

欧美国家消费金融业务发展通常都以流通企业基于业务需求而发展壮大。反观我国，传统的消费金融业务则以商业银行为主，消费金融公司也在监管主导下开始得以发展。就目前来看，如前所述，流通企业纷纷布局消费金融业务，在行业中的地位逐步提升，尤其是大型企业。

一方面，消费流通企业在自主开发消费金融业务；另一方面，消费金融服务商与消费流通企业之间的合作力度加大，将越来越紧密。

前文已经有所分析，电商巨头阿里、京东、苏宁等，都推出了自己的消费金融服务并且快速增长。线下如百联、海尔、重庆百货等也都参与了消费金融公司的筹建等，随着这些企业提供的金融服务不断发展和完善，他们将逐步独立和专业化，同时向外扩张和复制，如蚂蚁金服和京东金融。

消费流通企业之所以会有这样的业务路径，它们的优势主要体现在控制用户消费场景和拥有用户数据上。

消费流通企业控制了消费场景也就掌控了用户的交易和消费行为，而且能够控制资金的流向和用途，它们可以通过与消费场景的融合提高风险控制能力；用户的消费行为主要发生在消费流通企业中，因此，消费流通企业积累了大量用户的数据，从而可以通过这些数据的挖掘分析，进行精准营销等，并且可以挖掘用户的消费金融需求，甚至评估用户的信用水平等，其中，移动支付发挥了至关重要的作用。

消费流通企业在消费金融产业链中的地位将逐步提升，这主要得益于（移动）互联网的发展，（移动）互联网的发展促进了流通企业业务的网络化、电子化和数据化等，而这为流通企业利用大数据等技术，对用户进行分

析并运用于精准营销、风险控制等提供了条件。此外，金融科技的出现推动了金融服务渠道的虚拟化，从而使得流通企业能够做到以更低的成本、更高的效率与消费场景进行更深入的融合。

电商巨头在本轮消费金融的浪潮中具有较大的优势，它们既掌握了渠道场景资源，又具有较强的技术能力，也都纷纷推出了自己的消费金融服务。

如上所述，传统的零售企业将提升互联网及技术能力，发展路径包括与电商巨头合作、与消费金融服务商合作，或者联合其他具备资源的企业申请成立消费金融公司等自主开展消费金融业务。

就消费金融这几年的实践情况来看，消费场景仍然重要，具备消费场景和客户的平台或者企业会在展业时占据一定优势。

## 7.6 拥抱新技术、推进新零售，持牌机构成为强劲参与者

现阶段，商业银行，尤其是新成立的消费金融公司等金融机构在互联网推动消费金融发展的浪潮中开始主动拥抱技术，试图在获客、风控、运营等各个环节更多地使用技术，以提升服务效率及服务水平。未来消费金融的发展，技术驱动仍然将是一大重要特征。

除了对技术的拥抱，银行业务的另一个重要方向是零售转型，就 2017 年银行披露的年报数据，我们已经能感受到各类银行对零售业务的拥抱。随着我国经济步入新常态，银行的零售业务将是一个重要方向；我国社会现阶段的主要矛盾已经转化为人民日益增长的美好生活需要和不平衡不充分发展之间的矛盾。而人民美好生活的需要日益广泛，这也需要金融服务的支持，其中商业银行将需要为支持居民消费升级而提供更好的金融服务。

另外，从“现金贷”监管新规我们也能看出，监管层对银行等持牌金融机构开展消费金融业务的态度，即规范业务并继续发展。结合 2018 年两会期间我国金融改革和监管的背景、“一切金融服务将被纳入监管”的精神，这意味着在清理整顿违法违规金融活动的同时，商业银行、消费金融公司等持牌金融机构将成为消费金融行业的重要参与者。

## 7.7 融资租赁迎来新发展，风险还需警惕

融资租赁指的是出租人根据承租人对租赁物件的特定要求和对供货人的选择，自行出资购买租赁物件，并出租给承租人使用，承租人则分期向出租人支付租金的一种方式。在租赁期内，租赁物件的所有权归属于出租人所有，承租人只享有租赁物件的使用权。

从某种意义上说，以租代售的模式是消费金融业务的鼻祖。

第二次世界大战前，美国的胜家缝纫机公司首先推出了租购，汽车和家电制造商紧随其后，战后，美国出现了耐用消费品的诸多租购现象，美国的研究者甚至表示，消费信贷——无论是老式的租购还是后来的新式信用卡，成为走向成功和美国中产阶级形成的重要手段。

在我国，融资租赁已经发展多年，主要应用于生产经营性领域，不过也开始逐渐进入消费领域。2015 年 9 月，国务院办公厅发布《关于加快融资租赁业发展的指导意见》，以促进融资租赁的发展，意见中提出要积极稳妥地发展居民家庭消费品租赁市场，发展家用轿车、家用信息设备、耐用消费品等融资租赁，扩大国内消费。2016 年，中国人民银行、银监会联合发布《关于加大对新消费领域金融支持的指导意见》，为汽车金融及融资租赁行业的发展助力。

融资租赁与消费分期购物有一定的差别，分期购物时用户获得了商品的所有权，但融资租赁是一种租赁行为，承租人在租赁期间只获得租赁物件的使用权，但并没有所有权，承租人可以选择在租赁期末支付一笔留购资金获得所有权。

融资租赁过程中所有权与使用权分离的方式其实类似于抵押贷款，对于出租人来说，能够有效控制资金用途，且由于物品所有权没有转移，因此对于出租人来说可以降低经营风险。

对于消费用户来说，采用融资租赁的方式购买物品更加灵活，门槛较低，但资金成本较高。

融资租赁适用于价格较高、期限较长的耐用消费品或设备，常见的是汽车；另外，还有少部分业务已经向一些单价更低的消费品类扩展，如电脑、电视、手机等电子产品。但就现阶段的实践来看，汽车消费是主要的应用领域。市场上已经出现这种新车消费的融资租赁模式，主要方式有直租和售后回租方式，不过存在资金规模与杠杆限制问题，展业机构需要关注资金来源的合规性问题。

# 7.8 降杠杆、控规模，资产证券化进入新阶段

前文已经有所分析，从 2014 年 6 月第一支消费金融 ABS 发行至今，我国的消费金融 ABS 市场经历了井喷式发展，且仍保持增长趋势。现阶段，消费金融 ABS 市场集中度较高，蚂蚁金服旗下两家小贷公司的累计发行金额占市场总发行金额的 58.82%，2017 年发行金额 2635.1 亿元，占比达到 59.94%。受“现金贷”相关政策影响，以小额贷款作为底层资产的 ABS 发行将受到限制，发行规模有所下降，市场整体发行量在 2017 年 12 月出现拐点，头部企业影响较大。

2018 年第一季度，这种趋势仍在继续，头部企业 ABS 产品发行缓慢，规模缩减，以致行业整体 ABS 发行规模锐减。

随着我国经济去杠杆化的步伐，信贷规模将受到管控，尤其是居民部门杠杆水平快速增长的态势已经被监管层注意，接下来，居民的借贷行为会被进一步规范。因此，消费金融领域的需求难掩，但发展步伐将大为放缓，消费金融的资产证券化发展也将进一步得到规范，此前的井喷式发展将难以为继。

消费金融领域资产证券化发展暴露的一大问题是各个发行市场分割，监管不统一，监管存在空白。现阶段，从整体资产证券化市场的发展来看，这一局面有望得到纠偏。

结合目前金融改革、防范系统性金融风险的大背景，金融领域的监管将进一步理顺并完善，在资产证券化方面，也预示着将由多个市场、多个监管机构分别监管的局面转向统一的监管标准和监管体系。

## 7.9 出海拓市场，视角瞄准东南亚

2017年，我国金融科技业态发展呈现一个特征，即出海拓展市场，尤其是东亚、东南亚等国家和地区，这是多种因素作用的结果。海外市场，如东亚、东南亚市场，金融抑制现象较严重、金融服务覆盖范围较小，有前几年我国金融服务体系的特征，因此各类金融需求尤其是小微需求有待挖掘；加之各类资本助力，更加推动了这种市场拓展的步伐；同时，这些国家和地区人口红利明显、经济处在发展阶段、居民消费需求逐渐增强等，相应地需要金融工具加持。这种市场需求促使我国企业寻求在新市场开拓业务。在金融监管方面，一些东南亚国家的监管制度尚且灵活，利于出海企业外拓业务，例如，新加坡推行“监管沙盒”制度，将金融科技作为国家重点发展战略；印尼金融服务监管局于2017年1月签发监管文件，确定金融科技企业注册和持牌要求，金融监管局制定监管沙盒等。相对早期的市场发展阶段和相对灵活的监管方式等为我国企业出海创造了条件。

除去上述因素，我国2017年11月、12月下发的有关“现金贷”整治的监管新规也极大地压缩了企业在国内的生存空间，并直接致使其寻求对外拓展业务，市场则多选在东亚和东南亚等地。这种情况还需要时间验证，但也需要持续关注。

# 附录1

# 监管政策演变及简评

## 商业银行

商业银行可以吸收存款，并有正规金融机构牌照，受到银监会严格监管，基本上不存在经营资质合规性问题。

-1998年9月11日，中国人民银行发布《汽车消费信贷管理办法（试点）》（以下简称《办法》），该《办法》规定，四家国有商业银行可以经营汽车消费信贷业务，但消费贷款购买的汽车仅限于国产汽车。

-1999年2月，中国人民银行颁布《关于开展个人消费信贷的指导意见》，进一步对汽车消费信贷的条件、贷款期限与利率、贷款程序、贷款担保等进行了规定，并允许所有中资商业银行开展汽车消费贷款业务。

-2016年3月，央行、银监会联合印发《关于加大对新消费金融领域支持的指导意见》，鼓励有条件的银行业金融机构围绕新消费领域设立特色专营机构、完善配套机制，在各类消费集中场所通过新设或改造分支机构作为服务消费为主的特色网点。同时，还鼓励银行业金融机构探索运用互联网等技术手段开展远程客户授权，实现消费贷款线上申请、审批和放贷。合理确定消费贷款利率水平。创新消费信贷抵质押模式，开发不同首付比例、期限和还款方式的信贷产品，推动消费信贷与互联网技术相结合。加大对养老家政健康消费、信息和网络消费、绿色消费等新消费重点领域的金融支持。

## 消费金融公司

由于消费金融公司发放的贷款是无担保、无抵押贷款，风险相对较高，银监会因而设立了严格监管标准。

-2009 年，银监会颁布《消费金融公司试点管理办法》，拉开了消费金融领域市场改革的序幕。

-2010 年，国内首批 4 家消费金融公司获得银监会同意筹建的批复。消费金融公司在试点阶段的业务不涉及房地产贷款和汽车贷款等高风险产品，且消费金融公司资本充足率不得低于 10%，同业拆入资金比例不高于资本总额的 100%，资本损失准备充足率不低于 100%。此外，为防止一般用途个人消费贷款被挪作他用，银监会还要求，该项贷款的额度不得超过以往对该借款人发放单笔贷款的最高额度，而且只有已取得个人耐用消费品贷款的信誉良好的老客户才可得到此项贷款。

-为贯彻落实《国务院办公厅关于金融支持经济结构调整和转型升级的指导意见》（国办发〔2013〕67 号）关于“逐步扩大消费金融公司的试点城市范围”和“尝试由民间资本发起设立自担风险的消费金融公司”的要求，银监会于 2013 年 9 月 27 日发布扩大消费金融公司试点城市范围名单，新增沈阳、南京、杭州、合肥、泉州、武汉、广州、重庆、西安、青岛 10 个城市参与消费金融公司试点工作。此外，根据 CEPA 相关安排，合格的香港、澳门金融机构可在广东（含深圳）试点设立消费金融公司。至此，试点城市扩大至 16 个，试点工作仍掌握“一地一家”的原则。

-2013 年 11 月 14 日，银监会颁布实施新的《消费金融公司试点管理办法》（2013 年第 2 号令），同时废止原《消费金融公司试点管理办法》（2009 年第 3 号令）。与原《消费金融公司试点管理办法》比较，新的《消费金融公司试点管理办法》主要修订内容包括：一是增加了主要出资人类型，允许境内非金融企业作为主要出资人发起设立消费金融公司；二是降低主要出资人最低持股比例要求，由 50%降为 30%；三是进一步增强消费金融公司主要出资人的风险责任意识，鼓励消费金融公司主要出资人出具书面承诺，可在消费金融公司章程中约定，在消费金融公司出现支付困难时，给予流动性支持，当经营失败导致损失侵蚀资本时，及时补足资本金；四是取消营业地域限制，改变只能在注册地所在行政区域内开展业务的规定，允许其在风险可控的基础上逐步开展异地业务；五是增加吸收股东存款业务，有利于进一步拓宽消费金融公司资金来源；六是调整并增加部分审慎监管要求，如修改贷款额度上限、取消部分限制性要求、增加消费者保护条款等。之后，银监会依照新的《消费金融公司试点管理办法》批复多家金融消费公司的筹建申请，其中若干家的主要出资人系境内非金融企业。

2015 年 6 月 10 日，国务院常务会议决定放开市场准入，将原在 16 个城市开展的消费金融公司试点扩大至全国。

## 汽车金融公司

汽车金融公司和银行、消费金融公司同受到银监会监管。

-2000 年 6 月 30 日，中国人民银行发布《企业集团财务公司管理办法》，允许财务公司办理集团产品的消费信贷、买方信贷及融资租赁。这些规定的出台对于推动我国汽车产业的发展发挥了重要作用。

-根据中国加入 WTO 的承诺，2003 年 10 月，中国银监会颁布了《汽车金融公司管理办法》，同年 11 月 12 日，颁布了《汽车金融公司管理办法实施细则》，允许符合一定资产及负债条件的设立汽车金融公司。车贷业务不但对非金融机构开放，也同样对外资机构开放。

-2004 年 3 月，央行和银监会联合颁布新版《汽车贷款管理办法》，改变了车贷业务由商业银行垄断的局面。

-2004 年 8 月，中国人民银行和中国银行业监督管理委员会联合发布了《汽车贷款管理办法》，完全取代了《汽车消费贷款管理办法》。该办法拓宽了贷款人的范围，将城乡信用社以及获准经营汽车贷款业务的非银行金融机构也列入贷款人范围。同月，银监会正式核准上汽通用汽车金融有限责任公司开业。随后，大众、丰田、戴姆勒—克莱斯勒等国外汽车公司纷纷以合资或独资的形式试水中国汽车金融市场。

-2008 年 1 月，银监会发布新的《汽车金融公司管理办法》，将原来的办法和细则合二为一，对准入条件、业务范围、风险管理指标等方面做出较大修改和调整。在市场准入方面，首先，对没有汽车金融业务经验的汽车生产厂商设立汽车金融公司提出审慎性要求，即新增加“汽车金融公司出资人中至少应有一名出资人具备 5 年以上丰富的汽车金融业务管理和风险控制经验”；其次，将非金融机构出资人的资产规模要求从原来的 40 亿元提高至 80 亿元，营业收入从 20 亿元提高至 50 亿元；最后，根据汽车产业格局和实际发展需要，取消了原《办法》“同一企业法人不得投资一个以上的汽车金融公司”的规定；此外还增加了“最近 1 年年末净资产不低于资产总额的 30%（合并会计报表口径）”“入股资金来源真实合法，不得以借贷资金入股，不得以他人委托资金入股”“承诺 3 年内不转让所持有的汽车金融公司股权（中国银监会依法责令转让的除外），并在拟设公司章程中载明”3 项规定。在金融公司的业务范围方面，增加了六项全新的业务，将原有的吸收存款的范围由原来的“接受境内股东单位 3 个月以上期限的存款”调整为“接受境外股东及其所在集团在华全资子公司和境内股东 3 个月（含）以上定期存款”，同时将为贷款购车提供担保”的业务取消。在风险管理方面，将七个监管指标调整为五个。首先，将最大 10 家客户授信比例、流动性比例、对外担保比例 3 个指标删除。其次，将单一客户授信比例、单一股东及其关联方授信比例、自用固定资产比例 3 个指标保留，又增加了单一集团客户授信比例这一指标，同时将原来资本充足率指标由 10%下调至 8%。

-2004 年 2 月，银监会下发关于非银行金融机构全面推行资产质量五级分类管理的通知，规定各非银行金融机构根据《非银行金融机构资产风险分类指导原则（试行）》，结合公司资产的种类和特征，指定资产质量五级分类的具体标准，并报银监会或当地银监局备案。汽车金融公司也在试行范围之内。

-2009 年 3 月，国务院发布《汽车产业调整和振兴计划》，支持国内骨干汽车企业建立汽车金融公司，还鼓励汽车消费信贷模式多元化。

-2009 年 4 月，商务部等八部委联合下发《关于促进汽车消费的意见》，提出要加大信贷支持力度，鼓励金融金钩开展新车和二手车消费信贷业务，加强汽车金融服务配套制度建设，稳步发展汽车消费贷款保证保险业务等。

-2016 年 3 月，央行与银监会联合下发《中国人民银行银监会关于加大对新消费领域金融支持的指导意见》，允许汽车金融公司在向消费者提供购车贷款的同时，根据消费者意愿提供附属于所购车辆的附加产品的融资，同时放宽新能源车与二手车首付比例至15%和30%。

-2017年11月，央行、银监会发布《关于调整汽车贷款有关政策的通知》（以下简称《通知》），并修订《汽车贷款管理办法》，《通知》指出自用传统动力汽车贷款最高发放比例为80%，商用传统动力汽车贷款最高发放比例为70%；自用新能源汽车贷款最高发放比例为85%，商用新能源汽车贷款最高发放比例为75%，二手车贷款最高发放比例为70%。这一规定相较于此前提高了二手车放贷贷款的最高比例，且比例提升了20个百分点，同时新增了新能源车贷款发放的比例条款。从修订后的政策来看，鼓励新能源车及二手车的流通消费。

## P2P网络借贷平台

-2016年8月，中国银监会联合工业和信息化部等部门制定了《网络借贷信息中介机构业务活动管理暂行办法》（以下简称《办法》），其中新增了关于借款人借款金额的限制。《办法》规定同一借款人在同一个平台的借款上限为20万元，在不同网贷机构的借款上限为100万元。这一规定促使大量P2P平台纷纷转型消费金融。

-2016年10月，银监会等十五部委联合发布《P2P网络借贷风险专项整治工作实施方案》，开始在全国范围内开展网贷风险专项整治工作。彼时，这一整治预计在2017年1月底前完成，由银监会统筹，在各省级人民政府的统一领导下设立网贷风险专项整治联合办公室，由省级金融办（局）和银监局共同负责，办公室成员由省级人民政府根据工作需要确定相关部门组成，具体组织实施专项整治工作。

-2016年11月28日，银监会办公厅的《网络借贷信息中介机构备案登记管理指引》影印文件流出，这是8月24日《网络借贷信息中介机构业务活动管理暂行办法》发布后又一份有关网贷管理办法的细则指引。备案登记指引指出，新设立的网贷平台登记注册、领取营业执照后，应当于10个工作日内向注册地金融监管部门申请备案登记；已经设立的网贷平台，依据P2P专项整治工作的安排，在各地完成分类处置后再行申请备案登记。

–2017 年 6 月、7 月，上海金融办、北京市金融工作局、深圳市金融办先后下发了《网络借贷信息中介机构备案登记管理办法》的试行方案及征求意见稿。

–2017 年 6 月，央行等 17 部门联合印发《关于进一步做好互联网金融风险专项整治清理整顿工作的通知》，指出互联网金融风险专项整改实施阶段应最迟于 2018 年 6 月底前完成，对个别从业机构情况特别复杂的，经省级人民政府批准后，整改期最长可延至两年，由省级人民政府指定相关部门负责监督和验收。

–2018 年 3 月，广州互联网金融协会会议披露广州的网贷机构已开启整改验收工作，规定了详细的整改验收时间，整改验收合格的，给予备案。

截至本书稿截稿，互联网金融的专项整治工作尚未结束。

## （网络）小额贷款公司

小贷公司通过互联网发放消费贷款是 2017 年行业发展的一个典型现象。但存在跨区域经营问题，在监管尚处于空白的背景下突破了监管边界。

–2015 年 7 月 18 日，人民银行等十部门发布《关于促进互联网金融健康发展的指导意见》（以下简称《指导意见》），首次为网络小贷提供了政策指导。《指导意见》将网络借贷分为个体网络借贷（即 P2P 网贷）和网络小额贷款，其中网络小额贷款是指互联网企业通过其控制的小额贷款公司，利用互联网向客户提供的小额贷款。网络小额贷款应遵守现有小额贷款公司监管规定，发挥网络贷款优势，努力降低客户融资成本。网络借贷业务由银监会负责监管，目前仍处于试点阶段。重庆、广州、江苏等网络小贷活跃地区也陆续出台了网络小贷的相关文件。

从各地发布的政策来看，由于网络小贷主要是利用自有资金开展贷款业务，所以对注册资本要求均较高，最低注册资本要求为 1 亿元，全为实收货币资本，需一次足额缴纳，且需是自有资金向网络小贷公司投资，不得用银行贷款及其他形式的非自有资金向网络小贷公司投资。部分地区也要求主发起人为具有较强实力和较高行业知名度的大型互联网企业，对技术和经营能力也有较高的要求。相比传统小贷，多地也放宽了股东持股比例限制，主发起人的持股比例甚至可达到100%，可独资经营。网络小贷的资金来源较为多元，不仅可通过自有资金、捐赠资金和银行融资等银监会规定的资金来源开展业务，还可通过资产证券化、向主要股东定向借款等方式融资进而开展业务。另外各地虽对同一借款人或注册地或网络贷款业务的贷款额度做出了限制，但与P2P网贷行业的硬性额度指标相比，弹性更大。

-作为网络小贷活跃区，2016年11月，重庆出台了《关于调整重庆市小额贷款公司有关监管规定的通知》，规范了小额贷款公司与P2P网贷平台合作，通知指出获准开办网络贷款业务的小额贷款公司，只能利用经市金融办核准和备案同意的互联网平台获取借款客户，小额贷款公司可以作为出借人与P2P网贷平台合作获取借款客户，但不得为P2P网贷平台推荐借款客户，不得与P2P网贷平台相互开展资产（或债权）转让业务。由于目前监管层仍未出台网络小贷监管细则，也未明确两者的合作关系，重庆地区出台这一政策可能会对监管层有一定借鉴意义。

-2017年2月，银监会提示了网络小贷的风险，称在网络小贷尚未出台全国性的意见和办法之前，地方金融监管部门要慎重对待跨区域经营的互联网小贷，防止形成新的监管套利或风险，希望各地能够慎重批设。

-2017年11月21日，互联网金融风险专项整治办公室下发特急文件《关于立即暂停批设网络小额贷款公司的通知》，要求各级小贷公司监管部门即日起一律不得新批设网络（互联网）小额贷款公司，禁止新增批小额贷款公司跨省（区、市）开展小额贷款业务。

-2017年12月11日，P2P网络借贷风险专项整治工作领导办公室下发《关于小额贷款公司网络小额贷款业务风险专项整治实施方案的通知》。这是继2017年12月1日发布的141号文后，银监会下发的进一步整治网络小贷业务的方案细则。实施方案指出，本次专项整治主要排查小额贷款公司利用互联网开展小额贷款业务的合法合规性，打击无网络小额贷款经营资质甚至无放贷资质却经营网络小额贷款的机构。在整治中，将严格管理审批权限，对于不符合相关规定的已经批设的机构，要重新核查业务资质。已经由单利市批设的相关机构，由省级政府小额贷款公司监管部门和计划单列市小额贷款公司监管部门协商核查业务资质。要重新审查网络小额贷款经营资质。主要审查包括发起股东资质、借款人来源、互联网场景、内生数据基础和数字化风控技术等方面的经营资质。其他排查重点包括股权管理、表内融资、资产证券化等融资、综合实际利率、贷款管理和催收行为、贷款范围、业务合作、信息安全、非法经营等11个方面。专项整治包括摸底排查和分类处置的步骤和方式，2018年1月底前，各地区要将摸底排查情况报P2P网络借贷风险专项整治工作领导办公室；分类处置工作，即合规类机构、整改类机构与取缔类机构的处置工作要在2018年3月底前完成。

至此，网络小贷公司的批设关闸，业务开展遭遇严厉监管。

前文已有提及，2018年3月，国务院办公厅印发了关于国务院2018年立法工作计划的通知，对各政府立法项目进行了安排。其中，《非存款类放贷组织条例》（人民银行起草）（以下简称《条例》）被提请全国人大常委会审议，这意味着我国自2015年8月就征求意见的“放贷人条例”取得进展，在修正后下发指日可待。

基于此，我们认为，自2017年11月下旬紧急暂停批设的网络小贷公司短期之内无法解绑，可能在《条例》下发及银保监会制定的“网络小贷公司管理办法”下发后再行解冻。

同时，网络小贷公司等在准入条件、业务定位、业务范围、风险监管方面将会被重新梳理确定。2008年，央行下发的部门规章《小额贷款公司管理办法》可能进行调整，一大问题是网络小贷公司是否适用于此，如果是，将重新规定跨地域经营的准入要求；其他如业务领域方面，诸如将重申针对小微企业、“三农”和中低收入人群开展金融业务，并有一定考核要求，强调关注居民部门杠杆水平等；在业务范围方面，放贷资金来源的规制将更加统一和具体等。

## 担保机构等

担保机构不拥有正规放贷牌照，但以民间借贷方式发放消费金融贷款的机构或个人。这类以民间借贷方式发放消费信贷的业务，目前处于监管空白。按照 2015 年 8 月 12 日国务院法制办发布的《非存款类放贷组织条例（征求意见稿）》（以下简称《条例》）的规定，“除依法报经监督管理部门批准并取得经营放贷业务许可的非存款类放贷组织外，任何组织和个人不得经营放贷业务”，未来所有经营放贷的组织和个人均需要获得业务许可。因此，此类机构很可能面临违法放贷问题，需要提前做好申领许可的准备。

## 融资租赁公司

–1985 年，财政部发令禁止对小轿车进行融资租赁交易。

–1997 年 11 月 19 日，财政部下发《关于不得以融资租赁方式变相销售购买小汽车的通知》（以下简称《通知》）。《通知》规定为解决单位对小汽车的临时需要，准许汽车租赁企业以经营租赁的方式向党政机关、事业、企业单位办理租赁小汽车业务，但不得以融资租赁方式向上述单位变相销售小汽车，不得搞以租代卖；国家支持企业采用融资租赁方式租赁机器设备，但不允许企业以融资租赁方式租赁小汽车。小汽车属于国家规定的专项控制商品，不能列入企业的融资租赁项目。

–2015 年 9 月，国务院发布《关于加快融资租赁业发展的指导意见》，鼓励融资租赁公司积极稳妥地发展居民家庭消费品租赁市场，发展家用轿车、家用信息设备、耐用消费品等方面的租赁服务，扩大国内消费。

–2016 年，中国人民银行、银监会联合发布《关于加大对新消费领域金融支持的指导意见》，为汽车金融及融资租赁行业的发展助力。

–2017 年，汽车零售领域大量出现了融资租赁模式的金融业务，这种模式尚且存在一定的空间，但也面临着资金来源不足、杠杆限制等问题。

# 附录2

# 研究合作单位简介

## 民生电商

民生电商（民生电商控股（深圳）有限公司）成立于2013年，由民生加银资产管理有限公司牵头、联合东方集团、新希望集团、复星集团、巨人集团、泛海集团等国内知名民营企业共同发起设立。成立初衷即为探索推动“互联网+金融”的产业革新，为社会经济和民众生活提供创新、普惠、便捷的商业、金融服务。

现今，民生电商已形成以金融为主轴，相关服务为补充的发展战略，旗下拥有民生易贷、民商智惠、民熙物流、瑞服科技等多个业务公司及平台，涵盖金融交易、科技服务、商业服务等多类业务。

作为民商电商金融业务的核心载体，民生易贷为民生电商旗下金融科技公司，定位于银行业务的互补机构，以普惠金融为出发点，立足银行级风控体系，从业务协作中服务中小型企业，拓展具备场景的个人信贷撮合服务。

科技驱动之下，深入细分场景，民生易贷不仅延承了银行既有的严谨风控体系，更通过云计算及人工智能等，搭建大数据风控模型，实现场景嵌入式风险管控，历史到期产品全部本息兑付。

2017年6月，民生易贷累计交易额突破300亿元，2017年7月完成A轮融资。

# 参考文献

［1］林左鸣．新消费升级［M］．北京：中信出版社，2016，3.

［2］白蓉，刘欣．多样化市场格局下的汽车消费信贷发展趋势［J］．中国信用卡，2013，8.

［3］方巍，郑玉，徐江．大数据：概念、技术及应用研究综述［J］．南京信息工程大学学报，2014，6.

［4］彭宇，庞景月，刘大同，彭喜元．大数据：内涵、技术体系与展望［J］．电子测量与仪器学报，2015，29（4）.

［5］李学龙，龚海刚．大数据系统综述［J］．中国科学，2015，45（1）.

［6］邹蕾，张先锋．人工智能及其发展应用［J］．理论研究，2012（2）.

［7］蔡自兴．中国人工智能 40 年［J］．科技导报，2016，34（15）.

［8］朱良平．大数据在银行信贷业务中的应用实践及建议［J］．中国金融电脑，2015（12）.

［9］零壹财经·零壹智库．金融基石—全球征信行业前沿［M］．北京：电子工业出版社，2018，1.

［10］李章伟．中国台湾双卡风暴对大陆消费金融行业的借鉴意义［J］．台湾之声，2018，1.

［11］北京大学法学院·现金巴士．微额借款法律研究［R］．北京，2016，7.

［12］王国，曾刚，宣晓影．中国消费金融市场的发展——中日韩消费金融比较研究［M］．北京：社会科学文献出版社，2013，7.